アンケート調査入門

失敗しない顧客情報の読み方・まとめ方

朝野熙彦 編著

東京図書

Ⓡ〈日本複製権センター委託出版物〉
◎本書を無断で複写複製（コピー）することは、著作権法上の例外を除き、禁じられています。本書をコピーされる場合は、事前に日本複製権センター（電話：03-3401-2382）の許諾を受けてください。

まえがき

　顧客アンケートは、企業が顧客を知って顧客志向を実現するための重要な手段です。しかしせっかく調査した結果が、各企業の意思決定に役立っているかというと、なかなかそうもいかないのです。なぜ顧客アンケートは失敗しがちなのでしょうか。

　まず利用目的がはっきりしないまま、とりあえず顧客アンケートが走りだすという失敗がしばしば起きます。次に採用した方法が、与えられたビジネス上の課題を解決するのに適していなかったというミスがあります。ビジネス全般にいえることですが、初動段階での誤りは、後からでは修復するのが困難なものです。幸いにしてアンケートが適切に計画できて、データ収集も大過なく終わったとしましょう。それでもデータから情報を抽出する統計処理の段階で間違いをおかすことがあります。使っている統計ソフトが悪いのか、それとも使っている人間が悪いのか？　さらに意思決定者にデータ・リテラシーがないために、顧客データを読み誤る危険もあります。

このようにアンケート調査のトラブルは、企業内の人的資源や組織にかかわる問題もからんで多層的に発生するのです。

　本書は、アンケート調査で失敗しないための基本的な考え方と実務手続きを紹介したものです。調査や分析に関して経験の浅い方々はもちろん、多少経験のある方々にもご参考になるように、やや専門的な内容も取り上げています。本書の特徴は次の3点にまとめられます。

1．アンケート調査で失敗しないためのトラブル・シューティングを示した。

2．アンケート調査を有効に実施するためのメッセージを各章冒頭に掲げた。

3．企業での具体例や質問文例を多くとり入れることで読者が具体的な業務イメージがつかめるようにした。

執筆の基本姿勢としては、実務的な立場で顧客アンケートをできるだけ易しく解説するように心がけました。しかし、その一方で顧客アンケートには難しい問題もあることを正直に認めて、今後取り組むべき課題についても指摘しています。

　顧客アンケートのエキスパートの方々もかつては初心者として苦心を重ね、次第に達人へと成長してきたはずです。ですから、まだ経験が浅いのに顧客アンケートの仕事をまかされてしまった、という方もぜひ前向きな姿勢で顧客アンケートに取り組んでいただきたいと思います。本書がそのような諸姉諸兄の後押しとしてお役に立てれば幸いです。

　東京図書の平塚裕子さんと宇佐美敦子さんには、本書の企画から編集までご尽力いただきました。お礼申しあげます。

平成 23 年 9 月

　　　編著者　朝野熙彦

目次 INDEX

まえがき ... iii

第1章 マーケティング課題とリサーチの変革　1
- 1.1 本書のパノラマ ... 2
- 1.2 草創期のマーケティング ... 4
- 1.3 産業界の新潮流 ... 5
- 1.4 調査テーマの拡大 ... 8

第2章 マーケティング・リサーチの方法　17
- 2.1 顧客アンケートの位置づけ ... 18
- 2.2 健康診断としての役割 ... 19
- 2.3 測定データの性質 ... 21

第3章 標本調査の前提と限界　35
- 3.1 破たんするフィッシャーの主張 ... 36
- 3.2 リアリティーのない確率論 ... 38
- 3.3 推定の真意と現実 ... 43

第4章 リサーチのプロセスと実行管理　49
- 4.1 マーケティング活動とリサーチ ... 50
- 4.2 マーケティングのステップに対応した調査 ... 54
- 4.3 リサーチのプロセス ... 56
- 4.4 リサーチ機能の組織化 ... 70
- 4.5 リサーチ手法の選択 ... 72

第5章 アンケート票の作成　77
- 5.1 アンケート票作成時の心構え ... 78
- 5.2 調査手法と質問項目の決め方 ... 80
- 5.3 質問文と回答形式 ... 88
- 5.4 アンケート票のブラッシュアップ ... 99

第6章 テキストデータからの情報抽出　　107
- 6.1 アンケートや利用者カードの作成法　　109
- 6.2 テキスト分析の方法　　112
- 6.3 コールセンターや営業日報の蓄積データ　　124
- 6.4 ブログやツイッターからの情報抽出　　135

第7章 データの集計と統計解析　　139
- 7.1 Excelによるデータの入力　　140
- 7.2 集計の基本　　152
- 7.3 グラフによるデータの可視化　　158
- 7.4 データの視覚化に起因する誤解　　163
- 7.5 統計的なデータの解釈　　165

第8章 統計モデル　　169
- 8.1 Excelで重回帰分析　　170
- 8.2 重回帰分析の概念　　177
- 8.3 説明変数のウェイト評価　　183
- 【補足】基本的な統計量　　190

第9章 情報発信　　201
- 9.1 2次データの活用　　202
- 9.2 報告書・プレゼンテーション　　207
- 9.3 情報の活用と管理　　220

第10章 リサーチに対するリサーチユーザーの期待　　225

付録A　アンケート調査の情報源　　235
付録B　リサーチに関する類似語・略語　　239
引用文献　　248
索引　　250

執筆者紹介（執筆順：執筆時の情報です）

丸山　泰　　4章
ライオン　生活者行動研究所　ブランドマネジメント開発担当部長
を経て　熊本県立大学総合管理学部　教授

五條　雅史　　5章
リサーチ・アンド・ディベロプメント　常務取締役

石原　聖子　　6章
富士ゼロックス　CS本部 CR部 CS革新センター　グループ長

小代　禎彦　　7章
TOTO　コミュニケーション推進部　企画主査

高見　健治　　9章
明治　マーケティング推進本部　マーケティング情報部長

星野　朝子　　10章
日産自動車　執行役員市場情報室長

秋葉原MR（マーケティング・リサーチ）研究会について

　本書ではマーケティング・リサーチの実学的側面を重視して、産業界で現在ご活躍中のエキスパートの方々に分担執筆をお願いしました。分担執筆者の一覧とそれぞれの担当章は上に示す通りです。BtoC企業、BtoB企業、そして日用品から耐久財まで幅広い産業分野の方々にご協力をいただいています。なお上記の分担執筆者はいずれも朝野が幹事を務める秋葉原MR研究会のメンバーです。この研究会は産学協同の勉強会として秋葉原を拠点にして2009年に発足し、以来定期的に研究会を開き共同研究を続けてきました。参加者は資生堂、キリンビール、ミツカン、アメックス、ベネッセの方など約40人からなっています。

朝野熙彦

第1章
マーケティング課題とリサーチの変革

POINT

- マーケティング・リサーチはマーケティングのための情報機能をはたすものである
- マーケティング・リサーチの主な目的は次の3つである
  - ①顧客のホンネを探る
  - ②ビジネス上の解決策を発見する
  - ③意思決定をサポートする
- 目的に適したリサーチを計画すべきである
  - 目的を度外視した正しいマーケティング・リサーチなどあり得ない

1.1 本書のパノラマ

顧客アンケートとは「顧客を対象とした質問」をさす日常用語である。しかしこの定義はあいまいなため、マーケティングや調査においては専門用語として使うことはない。どこがあいまいかというと、顧客アンケートというだけでは調査の目的を規定していないし、データ取得の手段（これをモードという）も規定していないからである。マーケティング・リサーチの目的と方法は実に多彩である。顧客の意見を聞くだけがリサーチではないし、そもそも人間を相手にするとは限らない。たとえば小売店の棚に陳列されている関心ある商品の配列数（フェーシングという）、自動車の交通量、ペットが食べ残した餌の量、……。調査対象および測定法の幅広さだけを考えても、マーケティング・リサーチが多様な方法からなる集合体であることがわかる。

なぜこのようにマーケティング・リサーチの方法論が多岐にわたっているのかというと、それはマーケティングの活動自体が多様であり、それぞれの活動に必要なリサーチが開発されてきたからである。テレビ番組の視聴率を測るために視聴率メーターが開発されたのもその一例である。本書では入道雲のように拡大し続けるリサーチを、利用者の視点から整理して、顧客相手に質問するだけが調査のすべてではないことを十分に承知した上で顧客アンケートを効果的に実施するガイドを示すことにしたい。

さて、マーケティング・リサーチとはマーケティングを支える情報機能であるから、その意味ではマーケティングと切り離してリサーチを論じることは出来ない。そこで1章ではマーケティングの歴史からはじめて今日的なマーケティング課題を指摘しよう。21世紀はマーケティング・リサーチの役割、原理、手法のすべてが20世紀とは違ってくると思われる。今日の情報ニーズと情報環境に即したリサーチの方法論を2章で述べよう。リサーチの利用目的そのものが変わっていることを度外視して、

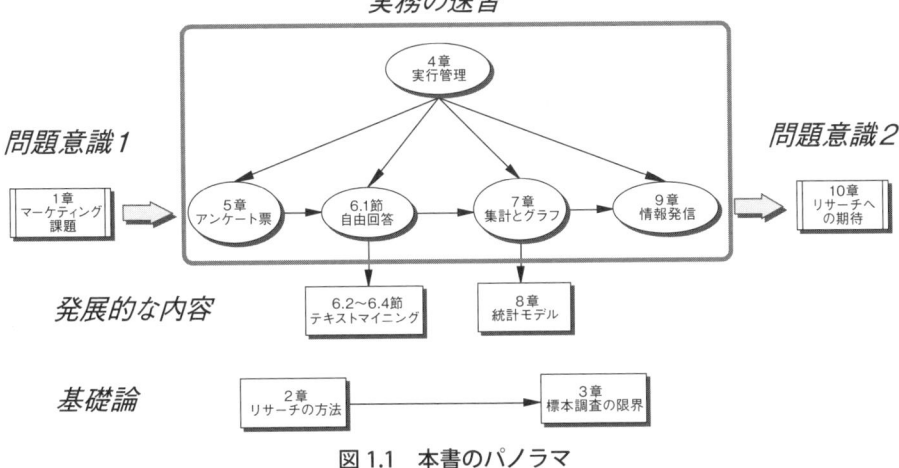

図 1.1　本書のパノラマ

　古典的な方法論に固執していても何の解決にもならない。これまで金科玉条のように信奉されてきた標本調査がマーケティング・リサーチの課題次第では無意味であることを 3 章で述べる。1 章から 3 章までを調査の基礎論とすれば、4 章以降は実務的な実行ガイドである。

　4 章がリサーチの実行管理、5 章はアンケート票の作成法である。6 章前半の 6.1 節ではアンケートから得られる自由回答の処理について扱う。この章の後半では日常業務を通じて集まった自由回答のテキストマイニングを扱う。この部分は発展的な内容である。7 章では量的データの処理について扱う。また因果関係を分析する統計モデルを 8 章で述べる。7 章と 8 章では分析ソフトとして Excel を使っているが、一般的な Excel のマニュアルには通常書かれていない統計的な内容を扱っている。調査はたんに実施することが目的ではなく、組織体の意思決定に役立てることが最終的な目的である。情報の発信と蓄積については 9 章で、リサーチユーザーの立場からのリサーチへの期待については 10 章で述べる。

　図 1.1 に本書のパノラマを示した。顧客アンケートの初心者は実務の速習を狙った章から読まれるとよいだろう。いっぽうで経験者には発展的な内容を扱った各章が参考になろう。

1.2 草創期のマーケティング

　マーケティングが組織的な活動として始まったのが1860年代のアメリカであった。南北戦争（1861年〜1865年）の時期に木綿・皮革・鉄道・鉄鋼などの製造業が軍需によって急成長を遂げた。戦争終結に伴い軍需が激減したために、生産力過剰を解消するために販売促進と流通システムの強化が必要になった。これが商業活動を支援する機能という意味でのマーケティングの始まりである。

　フィラデルフィアの広告代理店 N.W. エイヤー・アンド・サン（N.W.Ayer & Son.）は1879年に新聞の普及率調査を実施した（白髭1978, p87.）。これが世界初のマーケティング・リサーチのようである。媒体力の測定は今日でも重要なリサーチ課題であるが、草創期からのリサーチ課題であったことは興味深い。広告代理業が行う一業務としてではなく、専門の調査機関が活動し始めたのが1911年からである。なお、終戦がマーケティングの必要性を引き起こすという図式は、アメリカにおいて、その後2度にわたる世界大戦でも繰り返された。

　20世紀後半になるとマーケティングは世界に広がり、マーケティング課題も複雑化・高度化していった。2007年のAMA（米国マーケティング協会）の定義によれば

マーケティングの定義
原文はp.229 コラム参照。

> マーケティングとは顧客、得意先、関連企業そして社会全体にとって価値あるものを創造、伝達、提供、交換するための活動であり、仕組みとプロセスである

とされている。草創期の販売支援とは様変わりで、価値創造へと役割が高度化している。また目配りしなければならないステークホルダーも顧客だけではなく株主・取引先・従業員・地域社会へと広がっている。グリーン・マーケティングあるいはエコロジカル・マーケティングといえばその対象は地球環境までを含む。

マーケティングの機能や各領域別の理論フレームを理解することは、マーケティング・リサーチを適切に実行する前提として必要である[*]。マーケティング活動とリサーチとの関連づけは4章で述べよう。

> [*] とはいえ、ここでマーケティング全般を解説するには相当な紙数を費やさなければならないので、マーケティングの専門書にその役割をゆだねたい（p.236参照）。

1.3 産業界の新潮流

産業界における近年のトレンドをあげたのがT1〜T4である。こうした産業界の変化がリサーチにも変化をもたらしている。

産業界における近年のトレンド

T1：製品やサービスの物理的差別化 ➡ 認知的差別化 ➡ 感性的差別化
T2：顧客のクレームに対応 ➡ 顧客が予期もしなかった感動を提供
T3：機械中心デザイン ➡ 人間中心デザイン
T4：企業が価値提供 ➡ サービス・ドミナント・ロジック

■■■ コモディティ化の進行

T1を図式化したのが図1.2である。製造技術の標準化と普及にともなって製品のコモディティ化が進行していく。**コモディティ化**というのは、どの会社の商品でもほぼ品質に大差がないかのようにユーザーに思えてしまうことをさす。価格競争以外の手段で競争優位に立つためにはどうしたらよいのだろう。企業はユーザーインターフェースやブランド力で競争力をつけようとする。これが認知的差別化の時代である。さらに最近はユーザーの感性面に訴求する方向へと進みつつある。時代と共に製造物であれ、サービスであれ感性デザインの役割がますます重要になってくる。

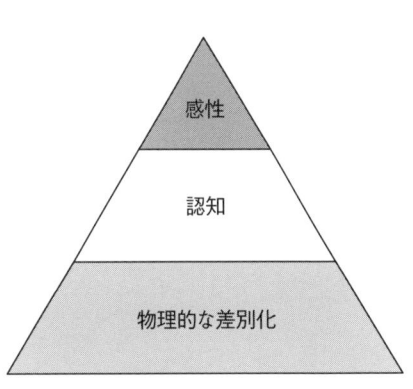

図1.2 製品やサービスの差別化

■■■ 魅力品質の追求

　T2 は狩野ら（1984）のいう当たり前品質から魅力品質の追求へという変化に対応する。例をあげれば PC の電池が燃えないことはユーザーにとって感動するような品質とはいえないだろう。電池メーカーにとって問題なのは、マイナスの最小化なら燃えない電池を作ることで目標は達成できるが、プラスを大きくする方は目標そのものが多目標で、しかも到達点に上限がないことにある。マイナスは 0 にすれば終わりだが、プラスに終わりはない。昔だったら感動を与えた製品も時代とともに陳腐化するだろう。そのため消費者に感動を与え続けるというのは、終わりのない無限の努力を必要とする。マーケティングのお手本としてよく取り上げられる「おもてなしの心」のホテルは、いつまで顧客の感動を維持できるのだろうか。

■■■ 人間中心デザインへ

　T3 は、製品として望ましい設計がユーザーに受け容れられるとは限らない、という開発技術者にとっては承服しがたい現実が存在することである。その例としてパソコンの QWERT キーボードがあげられる。この文字配置は図 1.3 のような機械的な入力デバイスであったタイプライ

図 1.3　1945 年当時のタイプライター

ターの時代にできたものである。高速でタイピングするとハンマーが絡んでしまうため、わざと入力しづらく文字を配列したのだった。従ってQWERT キーボードは人間工学的な見地からすれば極めて入力しづらいな配列なのだが、入力が電子的になりハンマーが絡まない時代になっても配列を変えることができない。QWERT がデファクトスタンダードになってしまったからである。

また機械操作をユーザーに強制するのではなく機械の方が個々のユーザーにアダプテーションするというのも新しい動向である。これが「人間中心デザイン」の発想である。開発者が IF-THEN のようなプロダクション・ルールを決めてエキスパート・システムを押しつけるのではなく、システムがユーザーとの交流経験を通じてルールを学習すればよい、という考え方である。携帯電話の漢字変換の学習機能や人間の所在を感知して動作を変えるエアコンもそのような思想に立っている。

■■■ 価値の創造

T4 は時代の変遷として

①プロダクトアウト（生産者本位）
⇒②マーケットイン（市場適合）
⇒③ユーザーとメーカーの共同開発

という変化をさしている。③の例としては、良品計画、R、バイラルマーケティングがあげられる。小川（2006）が共創活動の意味と現状を論じている。また Vargo と Lusch（2004）のいうサービス・ドミナント・ロジックは、価値は顧客と企業の共同作業によって生まれるとするものである。この考え方はサービス業に限らず、製造業にとっても重要だといえよう。

1.4 調査テーマの拡大

さて、上記した産業界のトレンドに対応して、マーケティング・リサーチも調査テーマが変容してきている。古典的な調査から新しい調査への変化を4点あげよう。

調査テーマの変容

R1：意識化された消費者の意見を聴取 ➡ 無意識のニーズをインサイト
R2：仮説検証だけが科学的な調査 ➡ 仮説の発見を重視
R3：言語反応 ➡ ノンバーバルな行動を観察
R4：構成的な調査票 ➡ 生活者の自発的な反応を解析

■■■「インサイト」をどのように導くか

まずR1の「インサイト」の強調であるが、これを誰がいつ言い始めたのかははっきりしない。ヨーロッパでは1980年代にアカウントプランニングというキーワードが広告業界で広がったが、それは消費者心理を洞察して広告開発に反映させることをさす用語であった。この「消費者心理を洞察すること」をさしてマーケティングの実務ではインサイトと呼ぶようになった。消費者ニーズが見えづらくなったといわれる近年の産業界では、ユーザーの隠れた心理をインサイトすべしという主張がなされている（たとえば杉山、2006）。

インサイトにもとづくマーケティングを実行するためには、そのインサイトが導けるようなリサーチを計画実施しなければならない。では消費者自身でさえ意識的に語れないホンネを、我々はどうやって発見したらよいのだろうか。

インサイトを得ることを目的とした代表的な方法として**グループ・イ**

図1.4 グループ・インタビュー実施風景
(写真提供：㈱リサーチ・アンド・ディベロプメント)

ンタビュー（米国では focus group という）とデプスインタビュー（同じく in-depth interview）があげられる。グループ・インタビューというのは、マーケターが関心をもつ対象者を6〜7人集めて座談会形式でディスカッションさせる調査法である。図1.4に実施風景を示す。

一方デプスインタビューは面接者と対象者が1対1でインタビューする方法である。ESOMAR Industry Report 2009によれば、グループ・インタビューは世界のマーケティング・リサーチの売り上げ規模の9%を占め、デプスインタビューは3%を占める。

これらの面接法の理論的源流はフロイト（1917）の精神分析学に遡る。フロイトの基本仮説を図1.5に示した。人間の心の多層構造の基底には無意識の欲求であるイドがあって、イドは意識面にストレートに表出されることはないという仮説である。言い間違い、物忘れ、しくじりや夢は、心的検閲のメカニズムによってイドがデフォルメされて表現されたものであり、そうした情報を手がかりに無意識の欲求を解明しよう、という考え方に立つ。

投影法 (projective technique) として調査に用いられている言語連想法、コラージュ（collage）や文章完成法、フォトエッセイ、ペルソナ、シナリオ法などはフロイトの学説を産業実務に転用した手法にあたる。投影法の意

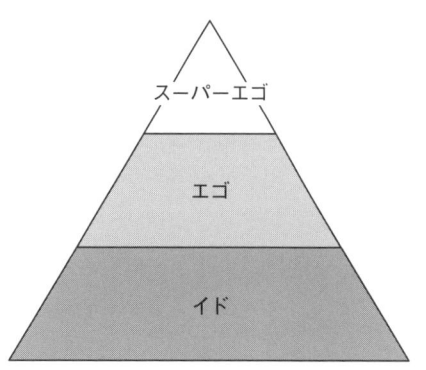

図1.5 フロイトの心的機制

味をいえば、投影された表現や反応にもとづいて、投影の原因を推論する、という逆推論の方法である。インターネットに登場するアバター (avatar) は利用者が選んだユーザーの分身であるから、アバターにもとづいてネットユーザーを分析するなら、それは投影法に他ならない。

　Haire (1950) による、主婦がインスタントコーヒーを受け入れない理由の研究は投影法の初期の応用事例として有名であった*。1950年代にディヒターが提唱した動機調査 (motivation research) という用語は、今日では廃れてしまったが、その全体観 (holistic approach)、解釈学というディヒターの研究姿勢 (Stern, 2002) は1980年代のヨーロッパにおけるNQT (New Qualitative Technique) へと連綿と続いている。今日のポストモダン的なリサーチにはWEBカメラや携帯電話を利用するものもある。利用する情報技術に新しさはあるものの、方法論の本質はパッカード (1957) が早い時期に紹介し、その後ディヒター (1961) が彼の主張をまとめた動機調査と変わるところはない。

■■■ 仮説の発見と検証

　R2の論点は、新しい論争点というわけではなく、デカルトの近代合理主義へのパスカルの懐疑に始まり何世紀にもわたって繰り返されてきたものである。表1.1に2つの論点を対比した。AとBの違いは科学論でいえばポストモダンの科学 vs モダンな科学という対比に対応する。Aの解釈的なリサーチは、真にマーケターが行うべきことは消費者に対する深いインサイトなのであって、かりに客観的な数値であろうとも解釈を伴わない限りマーケターにとって意味をもたないと主張する。

　一方Bは仮説を検証するための論証的なリサーチである。仮説発見と仮説検証の一方が正しくて他方が間違っている、というものではない。どちらのリサーチも、それぞれ必要なものであり、目的に応じてそれぞれに適した方法論を選ぶべきだ、というのが筆者の主張である。仮説の発見が目的なのに、ネイマン-ピアソンの検定論に呪縛されるのも誤りなら、市場普及率を推定するためにグループ・インタビューを行うのも誤

---

* 平たく言えば怠け者の主婦だと思われたくないという心理のためというのが研究の結論であった。

表 1.1　リサーチの 2 つのパラダイム

	A　解釈的リサーチ	B　論証的リサーチ
リサーチの目的	仮説発見	仮説検証
準拠する科学哲学	解釈学	論理実証主義
測定の姿勢	生態学的観察	統制した測定
正当性の根拠	主観的了解	客観的推論
重視点	動機と意志	行動結果
統計学の立場	探索的データ解析	推測統計
標本とは何か	典型例あるいは偏った事例	無作為標本
要素分解に対する考えかた	全体主義	要素主義
反応の文脈依存性	コンテクスト・ディペンデント	コンテクスト・フリー

りだろう。釘を打ちたければノコギリを使うな、木を切りたければ金槌を使うな、ということである。日曜大工が上手くできなかったからといって道具を責めてはいけない。道具の選択を誤ったユーザーの方に責任があるのだ。

　表 1.1 の A はいわゆる定性調査の多くが、また B はいわゆる定量調査の多くが依拠している原理である。

　Deshpande（1983）は B タイプの調査のバックボーンにあった近代合理主義のパラダイムは既に失われてしまったと論じた。しかし筆者はそれには異論がある。かりに A タイプの調査から仮説の発見が出来たとしても仮説は仮説であるにすぎない。その仮説が正しいか否かは、何らかの仮説検証のステップによって検証する必要がある。産業実務においては調査から何らかの仮説が発見されると、既にその仮説が正しいと実証されたかのように誤解されるきらいがある。もちろん、それは間違いである。A タイプの調査だけで、マーケティングのすべての意思決定が完結できるわけではない。仮説発見と仮説検証はいわば車の前輪と後輪であって、車が動くにはその両方が必要なのだ。

　表 1.1 の二分法はあまりにも事態を単純化していないか？　といわれ

ればまさにその通りである。一回の調査で仮説を発見したいし、同時にその発見した仮説を検証もしたいと願うのは当然である。しかし二兎を追いたくても調査の目的と方法が深く結びついている以上、それはかなわないのが普通である。

ところで、表1.1でデータ解析という言葉がAの解釈的リサーチに出てくるのには違和感を覚えたかもしれない。データ解析はデータを統計数字に集約するだけがその用途ではなく、消費者のホンネを探る目的もある、ということをここで指摘したかったのである。たとえばテューキー（1977）のEDA（探索的データ解析）やベリーとリノフ（1997）らのデータマイニングは仮説の発見を志向する。データ解析からは何も発見できないと決め付けるのは短絡的すぎる。たとえば朝野（2010b, p88）は、消費者の意識と消費行動を分析して、「ペットは最良の友だ」という価値観の有無が、ペットとは係わりのない消費行動に対しても説明力があることを発見している。

■■■ ノンバーバルな反応をとらえる

R3のノンバーバルな反応の重視は行動観察の重視と関係する。そして調査目的の点ではR1のインサイトの重視とも関係する。質問紙調査や電話調査は「言葉を媒介」にしたアンケート法である。しかしZaltman（2003）は人間を理解するにはノンバーバルな情報の方が重要なのだと主張した。

言語だけでなくノンバーバルな情報も観察できる調査が図1.4に示したグループ・インタビューであり、言葉を全く介さない調査が行動観察である。

まずグループ・インタビューについていえば、出席者の発言だけに情報価値があるわけではない。出席者の表情や身振り、驚きや怒りのような情動の表出にも重要な情報がある。ノンバーバルな情報は、我々の日常生活でも人間を理解し深い知識を獲得する手がかりになる。バーバル、ノンバーバル両方の情報を総合的にとらえ、しかも出席者間の社会的な

相互作用と態度変容のダイナミズムを観察するところにグループ・インタビューの醍醐味がある。その意味で、グループ・インタビューは観察調査でもあるともいえる。

　次に、言葉を一切介さない調査法が、行動を観察記録する観察法（observational method）である。たとえば「感動した」という言語報告だけで観測が済んだと思うのではなく、瞳孔が開いたかどうかで感動の有無を判定しようというのが行動観察のアプローチである。尿酸値や脳内血流のような生理的計測もそうした観察情報である。

　人間には、世間体のよい回答をしがちな傾向がある。「あなたは順番待ちをしている列に割り込みをしますか？」と聞けばたいていの人は「しない」という社会規範にそった回答をするだろう。しかし行動観察をすれば、そのようなタテマエとは違った行動が観察できるかもしれない。

　近年観察調査はビジネスエスノグラフィーという名称で注目を集めている。エスノグラフィー（ethnography）というのは民族誌学のことで表1.1でいえばAタイプの3行目に書いた生態学的観察をさす。Journal of Advertising Research の 2006 年（Vol.46, No.3）に「エスノグラフィーは消費者への深いインサイトを導けるか」という特集があり、Arnould と Price（2006）による展望がなされた。また日経エレクトロニクス（2008年1月28日）でエスノグラフィーの特集が組まれた。そこでは大日本印刷、富士通、オムロンなどが日常行為の観察を通じてユーザーの隠れたニーズを発見していることが紹介されている。

　また水谷（2006）によれば、家電品メーカーでは、ビデオデッキをユーザーに試用させ、「制限時間内にこの番組を録画してください」というような指示を出して行動を観察する調査をしているという*。これは「タスク分析」といってユーザーの誤操作や手戻りなどの行動をもとに、製品のどこを修正すべきかを明らかにする試用テストである。言葉で聞けば「ビデオデッキの操作は簡単だ」などとユーザーは答えるかもしれない。しかし実際にタスク分析をすれば誤操作ばかり、ということもあろう。真実は言葉なのか行動なのか？　答えは明らかだろう。

---

* ユーザビリティー・ラボと呼ばれる実験室調査である。

1.4　調査テーマの拡大

新製品のコンセプト開発を考えよう。そもそも消費者は自らが何を欲しているのかを自覚し、言語化して報告することが困難である。そのため行動観察やタスク分析などの情報をもとに消費者の隠されたニーズを暴きだし、魅力ある製品やサービスを発見しなければならないのである。

■■■ 自発的な反応の取り扱い

　R4は生活者から発信される自発的な反応をリサーチではどう扱えばよいかという問題である。2008年1月に発売されたロッテ「とっておきのチョコパイ」はテキストマイニングをもとにアイデアが発見されたという（小林、2008）。今後このような自由回答からの情報抽出がマーケティング・リサーチの重要な課題領域になるだろう。

　自由回答からの情報抽出については6章で詳しく述べるが、ここでは次の点を指摘しておきたい。それはたんに自由回答を収集しただけでは、直ちにマーケティングに有用な知見が出てくるわけではないという点である。浅田（2006）はKA（Kazumi Asada）法と名づける定性情報の処理法を提唱した。これはテキスト情報にもとづいて、マーケティング上意味をもったマップを構成する方法である。図1.6には「お正月に関する過ごし方」という顧客のエッセイをもとに、生活価値の視点から浅田が作成したマップを示す。同図は紀文食品の社内資料のために一部のセルを空白にしている。

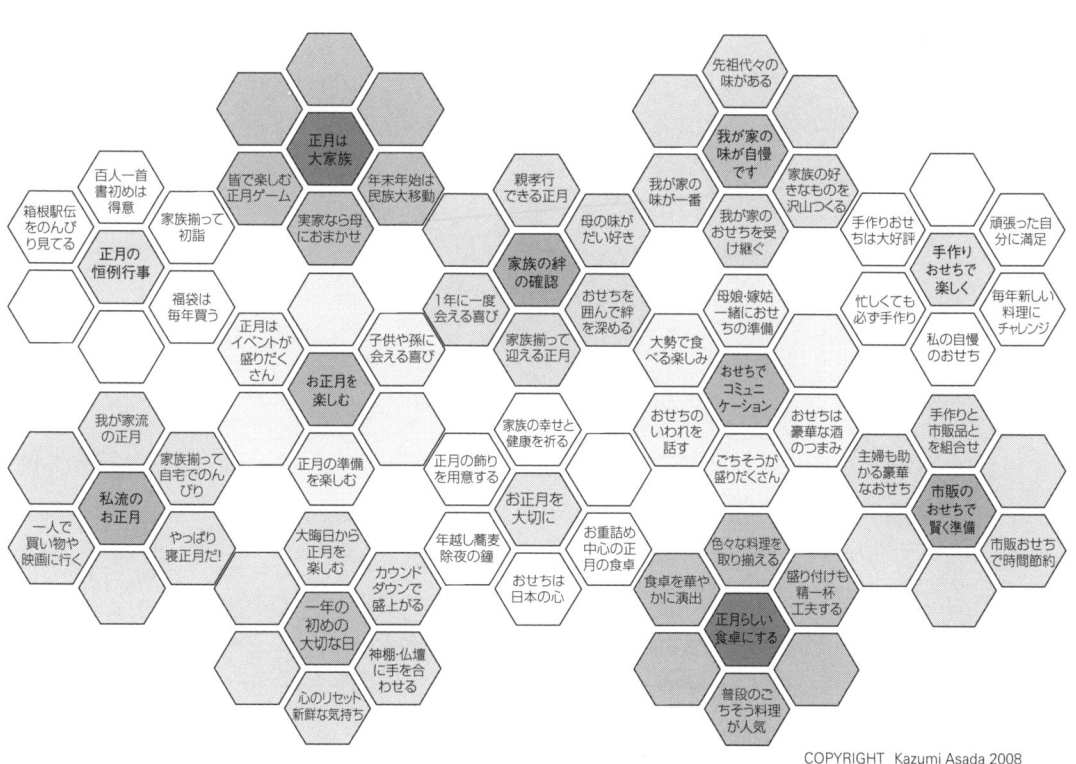

図 1.6　正月の過ごし方・曼荼羅（提供：浅田和実）

1.4　調査テーマの拡大

朝野熙彦

第2章
マーケティング・リサーチの方法

POINT

● マーケティング・リサーチには健康診断の機能が求められている

● 自明な仮説を再確認するだけなら調査を実施する必要はない

● 定性か定量かでデータを2分するのは粗すぎる

● データがコンテクストに依存するか否かによって
　データの収集・解析と蓄積の方法が違ってくる

● 統計ソフトの智恵のなさを補えるのは利用者の智恵しかない

2.1 節では各種の調査手法の分類フレームを示し、その中で顧客アンケートを位置づけてみよう。マーケティング・リサーチを利用目的を中心に分類したものである。戦後復興期の日本においては、先進諸国のマーケティングをベンチマーキングすることは、とても分かりやすい目標であった。しかしそうした模倣段階が終わると、いよいよ自らの力で市場を創造するしかなくなる。今日の企業にとっては市場創造に必要な健康診断、つまり現状の把握に引き続く予測と処方箋の導出が重要な課題になっている。2.2 節では、マーケティングにおける予測と処方箋の意味について述べ、健康診断に役立つリサーチの必要性を指摘する。2.3 節ではリサーチの理論的基礎をなす測定論について述べる。

2.1 顧客アンケートの位置づけ

マーケティング・リサーチの手法は多岐にわたっているので、はじめに各種の調査手法を整理してみよう。利用目的を中心にマーケティング・リサーチの手法を分類したのが図2.1である。さて一般に顧客アンケートというと、図2.1の右端の欄で四角で囲んだ調査手法のどれかをさすと考えることが多いだろう。ネットリサーチ、ヒアリング、はがきの同梱、郵送調査はデータの収集手段の違いを表したものであり対象が顧客かどうかは別問題である。したがって、四角の囲みの中のどれかの方法を選び、顧客を対象に実施する調査を顧客アンケートという、というのがおおまかな顧客アンケートの位置づけである。

1章では仮説発見か仮説検証かという科学の原理によって調査を2区分したが、図2.1では記述的リサーチという第3の分類を発見的リサーチと因果的リサーチの間に入れて分類した。もちろん調査の分類フレームは何通りもあり得る。実務の観点からすれば表1.1よりも図2.1の3区分の方が分かりやすいかもしれない。さてその記述的リサーチの役割であるが、これは実態を把握するための調査なので、具体的に仮説の発見あるいは検証を目的にして調査を設計するわけではない。利用目的を限定

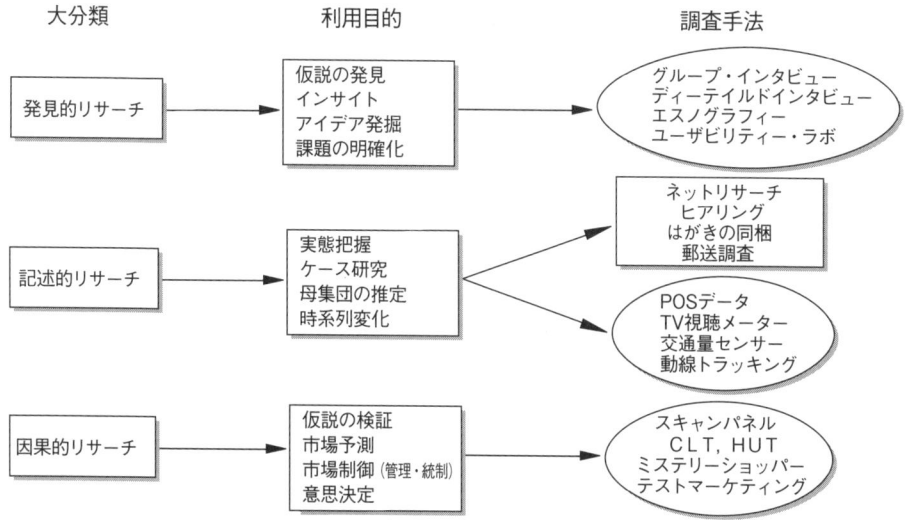

図 2.1　利用目的からみた調査手法の分類

しない汎用的な調査という意味で国勢調査と似ている。目的が限定されていないだけに、因果的リサーチと比べると因果関係を実証するのには切れ味が鈍いことがある。つまり実態が明らかになったとしても、なぜそういう実態になったのかという理由が明らかになるとは限らない、という意味である。

2.2　健康診断としての役割

　調査の主体が企業であれ官庁やNPOであれ、マーケティング・リサーチの主要な機能の一つに健康診断がある。
　産業界でいえば市場の現状、個々の企業（あるいはブランド）の現状に何か問題はないかを発見するのが「検査」、このまま推移すれば今後どういう事態が起きるかを警告するのが「予測」、そしてこれから何をしたら健康回復に向かうのかというソリューションを示すのが「処方箋」と

いうことになる。狭い意味での健康診断は検査結果を出すだけで終わりだが、それでは受診者は困ってしまう。

自社のマーケティング・リサーチはきちんと健康診断の役目をはたしているのだろうか。マーケティング上の課題を発見し、予測を行い、処方箋を出すことが出来ているのだろうか？　そこに問題がある。

ほぼあらゆる商品についてメーカーは生産量を把握し流通業は販売量を把握しているに違いない。基幹系の業務に関しては、過去から今日に至るまで正確な記録がとられていて、質量ともに申し分ないデータがあるのだろう。しかしいずれにしても記録できることは過去の出来事にすぎない。今日までの事実が分かれば、明日が予測でき、さらに将来のために今何をすればよいかという処方箋が出てくるというものではない。だからこそ問題解決を目的にしたマーケティング・リサーチが必要になるのである。このように具体的な問題を解決するために企画実施される調査のことを**アドホック調査**（ad-hoc survey）と呼ぶ。

アドホック調査の目的は、マーケティング課題に対する処方箋を出すことにある。処方箋という以上、患者を助ける情報が出てこなければならない。お菓子メーカーに対して「おいしいお菓子を作りなさい」などと一般論を言っても何の助けにもならない。開発すべきお菓子のコンセプト、製品属性、顧客ターゲット、チャネル、コミュニケーションなどについて具体的な戦略を提示することが必要である。調査前には予想もできなかった処方箋を導いて課題が解決できれば、それこそが調査の本望というべきだろう。

逆に自明な仮説を再確認するだけなら、あるいは調査結果にかかわらず既定の方針が変わらないなら調査を実施する必要はない。調査を実施すべきかどうかの判断基準については4章でとりあげる。

2.3 測定データの性質

■■■ 質問紙調査法によるデータ

　伝統的な質問紙調査法では回答選択肢を対象者に提示して、その中のどれかを選ばせるという質問形式をとる。さらに1つだけとか3つまでというように選択数も指定するのが普通である。構成された(structured)質問紙という意味は、質問順も質問文も回答選択肢も回答方式も予め決めていることをさす。このように構成された質問紙を用いれば、表2.1のようなフラットなデータファイルを作成することはたやすい。回答を順に入力していくだけでデータファイルが出来るからである。ネット調査の場合は回答者が自分で回答を入力してくれるので回答と同時進行してデータファイルが出来てしまう。回答者本人の回答間違いはあるにせよ、

表2.1　質問への回答データ

表2.2　ブログから得られるテキストデータ

第三者がデータ入力を間違えるというようなミスは起きない。

このような構成された質問紙は調査をする側にとって都合よくできている。しかしその反面、生活者側からの自発的反応（naturally occurring response）には目をつぶり耳を閉ざすものであった。生活者個々人のユニークな発想を知りたければ構成された質問紙よりも、縛りのない自由回答の方が適していると考えられる。

■■■ 自由回答によるデータ

さてブログやTwitterへの自発的な書き込みは従来の質問紙調査と比べてどこが本質的に違うのだろうか。ワインという題材に関して、生活者が自分の言いたいことを言いたい順で書きこんだとしよう。事後的にデータを整理することによって表2.2の形式のテーブルが作られる。

さて、自由回答データからの情報抽出については次の3点が問題になる。

1) データ整理の信頼性

表2.2のような形に自由回答を整理するだけでも手間がかかる。データ量が数十万件の書き込みになると手作業では処理できない。類似語のとりまとめも含めて自動的に製表までしてくれるソフトはあるのだろうか。そして同一の自由回答を処理した場合、常に同一の表が導けるという信頼性はあるのだろうか？

2) データ集約の難しさ

表2.2の見かけ上の特徴は表2.1よりも回答の発生が少ないことである。このような行列を疎行列とかスパース（sparse）な行列と呼ぶ。表2.2の行数は書きこんだ人間の数あるいは書きこみ件数を意味するが、列は「異なり語」なので膨大な列数になりやすい。どうやってスパースな行列の情報をコンパクトに集約すればよいのだろうか*。

3) 分析手法の不備

表2.2のDの列を見てみよう。2番目のブログではワインについて「色

---

* 中山（2011）が非負行列因子分解という方法をこの問題に適用している。

がきれい」と回答している。そしてそれ以外の人はD列は空欄になっている。伝統的な質問紙調査の場合は、「色がきれい」に回答しなかった人は、色がきれいだとは思わない人だと解釈することが一応認められる。したがって○がつけば1、つかなければ0というダミー変数（dummy variable）を与えて統計解析をすることが正当化される。しかし自由回答やブログの解析においてはそのような処理には根拠がない。なぜなら色が空欄なのは、その論点が念頭に浮かばなかっただけかもしれない。もし通常の質問紙調査のように「ワインの色はきれいだと思うか」と聞かれれば、同じ人がYESと答えたかもしれない。つまり欠測値はNOであることを意味しないのだ。したがって表2.2を1-0データ行列に置きなおしてクラスター分析*にかけたり林の数量化理論Ⅲ類*にかけるという統計処理は不適切である。つまり表2.2の形にテキストデータを整理できさえすれば、そこから先は従来からある多変量解析を使えばよいという認識は甘い。今のところ自由回答のデータにぴったり適した分析道具は整備が不十分である。具体的な自由回答の分析事例は6章で詳述する。

*クラスター分析
似た者集めを機械的に行う多変量解析の方法。

*林の数量化理論Ⅲ類
1か0のダミー変数のデータ行列を分析する多変量解析の一方法。

■■■ 定性と定量の違い－情報の種類は4つある－

　定性と定量という対語は日常用語として使われている。マーケティング・リサーチの実務でも定性調査と定量調査という呼称が慣用的に使われているのだが、定性と定量の違いについてリサーチ関係者の間でも統一した見解があるわけではない。国語辞書を見ても「定性とは定量の反対語、質的」などとあり、定量を見ると「定性の反対語、量的」などとトートロジーとしか思えない定義が書いてあるだけである。辞書的に定義を書いたところで、情報解析の問題が片付くわけではないことは念頭におきつつ、もう少し考えてみよう。質と量の違いとは何なのだろうか？

　定性と定量の違いをどう認識するかは調査手法の選択にとどまらず、リサーチの情報体系の全てに係わる問題である。ここでは何を定性的と考え何を定量的と考えるのかについて、筆者の見解を述べよう。7章ではデータの集計を扱うが、それ以前にここで測定データに関する基礎概念

をおさえておく必要がある。

「曙太郎は背が高い」というのは定性的な表現である。それに対して、「曙太郎の身長は203cmである」というのは定量的な表現である。㈱明治のロゴタイプの色が「赤い」というのは定性的表現で、それに対して「反射光の波長が700nm（ナノメーター）である」というのは定量的表現である。では定性的測定を精緻化することで定量測定になるのだろうか。精緻化とは何だろうか？

Stevens（1951）が提唱した4つの尺度とその許容される演算を表2.3に整理した。

不思議に思われるかもしれないが、世の中の尺度には表2.3の4種類しか存在しないことが明らかになっている。4つの尺度を部分として組み合わせた尺度はあっても、新たな5番目の尺度とか6番目の尺度はない。また表2.3で絶対原点というのは、本当に何も無い、という意味でのゼロ点だと理解してもらいたい。たとえば、摂氏0度というのはただの社会的な約束事であって、0度だからといって温度が本当に無くなってしまったわけではない。寒冷地に住む人にとっては真冬に気温が摂氏0度であれば結構温かいのではないだろうか。マイナスの温度もちゃんと存在するのである。

マーケティング・リサーチで収集されるデータは名義尺度あるいは順序尺度で測られることが多い。いずれも尺度の単位が存在しないという意味で定性的なデータに分類されるのが普通である。「これまでに行ったことのある旅行先はどこか？」という質問からは名義尺度のデータが得られ、好きな旅行先を順位づけさせれば順序尺度のデータが得られる。おそろしいことに、この両尺度とも測定されたデータに対して加減乗除の四則計算が許されないことである。Excelの関数もほとんど使えない。例えば、男に1、女に2とコードを振ったとしよう。1と2を足して3という数字を出して何の意味があるのだろうか。もちろん∑関数を使えばコンピューターは機械的に1+2 = 3と計算してくれる。しかし計算できたからといって、計算結果に意味があることにはならない。

尺度により許される演算が異なる

表 2.3 4 種類の尺度*とその演算

尺度	尺度の要件 絶対原点	尺度の要件 単位	典型的な質問例	可能な判断 大小	可能な判断 差	可能な判断 比	尺度値に許される演算	計算してよい統計量
名義尺度	なし	なし	認知ブランド 職業、居住地域 性別				なし	頻度 最頻値 属性相関
順序尺度	なし	なし	好きなブランドの順位、想起の順位 食品の嗜好尺度	○			なし	中央値、パーセンタイル 順位相関
間隔尺度	なし	あり	評定尺度 SD法のスケール 快適な室温 西暦や元号の年度	○	○		和と差	平均 分散 積率相関
比率尺度	あり	あり	実数で聞く年齢 実数で聞く年収 恒常和法*	○	○	○	4則演算	幾何平均 変動係数

*尺度（scale）
日常語では物差しをさすが、調査ではより詳細な区分が必要である。現象を測定する段階だけではなく、データを分析した結果や推定値についても尺度の区分が必要になる。
たとえば原データは名義尺度であっても適切な統計的解析を経て、間隔尺度のスコアを導く、ということもあり得る。

*恒常和法
5章 p.97, 付録 p.242参照。

■■■ データの変換による不定性

　名義尺度か順位尺度で測られたデータを**定性的データ**と呼び、間隔尺度か比率尺度で測られたデータを**定量的データ**と呼ぶことが多い。しかし定性と定量の2区分だけで正しい数的操作と情報抽出ができるのか？というと、そうはいかない。

　まず名義尺度と順位尺度を区別する必要がある。順序尺度を名義尺度として扱うことは、せっかく持っていた順序情報を失うことになりデータ収集の努力が無駄になる。間隔尺度と比率尺度の2つも可能な数的処理が違う。とくに間隔尺度のデータどうしで比をとることは誤った結論を導く。

　順序尺度と間隔尺度の性質は特に分かりづらいので、図2.2で示そう。順序尺度は任意の単調増加の関数で変換しても情報は不変である。単調増加の変換というのは、個々のデータを i と j で区別すれば、
$X_i > X_j \Rightarrow Y_i > Y_j$ であるような任意の変換をさす。この変換は一意ではなく無限に可能である。

　次に間隔尺度なら

$$Y = aX + b, \quad (a > 0)$$

という変換（**アフィン変換**）をしても情報は不変である。そもそも変換

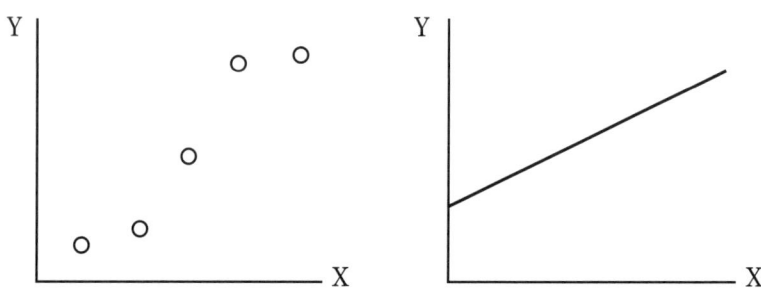

図2.2　順序尺度（左）と間隔尺度（右）に許された変換

をしても不変であるような情報しか、それぞれの尺度は元々持っていなかったのだ、と理解するのが正しい。従って許容された変換をした結果、結論が変わってしまうようならばその結論は誤っていることになる。

順序尺度で「差」はいえない

具体例で示そう。まず表2.4には海外旅行の旅行先の人気順位の例を示す。

前回と今回の調査を比較したという設定で説明するが、たんに前田さん今田さんという2人の人の回答を並べて比較したものと考えてもよい。まず最初の欄の1～6位の順位を反転して人気が高いほど大きな数で表現したのが（2）の順位値である。だから（1）の欄と（2）の欄の持っている情報は何も変わらない。さらに（2）の欄を各列単位で、上位だった国ほど大きな数値にする、というルールに従って単調変換をしたのが（3）と（4）である。

さて、（2）の数字を見比べて①中国と韓国は2時点間で人気に変動がなかったので心配は無用である、②ハワイの人気は前回の半分に減った、③香港は躍進して韓国に迫った、といったコメントをしたらそれらの解

表 2.4 順序尺度からの誤った解釈

	人気順位（1）		順位値（2）		単調変換(3)		単調変換(4)	
	前回調査	今回調査	前回調査	今回調査	前回調査	今回調査	前回調査	今回調査
中国	1	1	6	6	33	34	100	7
韓国	2	2	5	5	24	33	20	6.6
ハワイ	3	5	4	2	10	10	1	5
タイ	4	4	3	3	9	11	0.2	6.4
香港	5	3	2	4	8	12	0	6.5
グアム	6	6	1	1	5	8	−8	−200

釈はすべて間違っている。単調変換した（3）と（4）から同じ結論が導けないからである。もちろん単調変換は他にも無数にあり得る。どのように単調変換をしようが変わらぬ結論だけが、順序尺度のデータから導ける結論なのである。いったい表2.4から確実に言えることは何だろうか？　順位についてのコメントはできる。しかし単位が存在しない以上、旅行先の人気の「差」について論及してはならないし、ましてや「比」に関するコメントもできないのである。

間隔尺度で「比」はいえない

次に間隔尺度の例として図2.3を示そう。

マーケティング・リサーチではSD法という両極のイメージ尺度を使って、イメージを測定することが多い。さてある「道の駅」がリニューアルによって「やや積極的」なイメージから「非常に積極的」にアップし

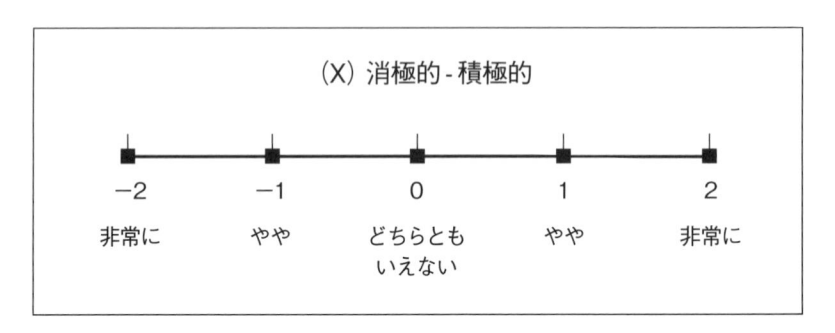

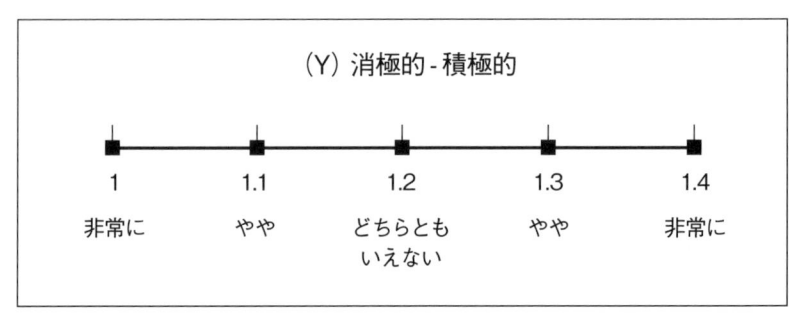

図2.3　SD法における尺度値の比較

たとしよう。ではこの道の駅の積極性イメージは（X）の尺度値で比をとって $\frac{2}{1}=2$ から2倍に増えたと解釈してよいだろうか？ この解釈は間違っている。Xは間隔尺度だから、$Y = 0.1X + 1.2$ と変換してもよいはずだ。（Y）の尺度値から比を求めれば $\frac{1.4}{1.3}=1.08$ ということになり、イメージが少ししかアップしなかったという、先ほどとは異なる解釈になってしまう。このどちらが正しい解釈なのだろうか。どちらの解釈も間違っている、というのが答えである。間隔尺度には絶対原点がないのだから、尺度値が何倍に変化したという情報は導けないのである。

数字なのだから（X）のデータから自由に比をとってもよいのでは？と言うのであれば、「やや消極的」だった商業施設が「非常に消極的」にダウンしたら、$\frac{-2}{-1}=2$ で2倍積極的になったと解釈してよいのだろうか。「非常に消極的」だった商業施設が「どちらともいえなく」なったら0倍積極的になった、という解釈で正しいのだろうか？評定尺度は段階数がいくつであれ、売上高や売場面積のような比率尺度ではないのだから、尺度値の比を求めること自体が誤っている。「積極性が完全にゼロ」であるという心理的な絶対原点は、図2.3のスケール上でどこにあるかは質問文の中で定義されていないし、回答から識別することもできない。どのような企業であれ存続して活動している以上、いくぶんかの積極性は認められるかもしれない。積極性への評価は個人によって異なる可能性があるが、個人差があろうがなかろうが対象者と調査者の間で絶対原点の取り決めはできていない。

■■■ 統計ソフト使用上の注意

Excelに限らず商用ソフトも含めて、統計ソフトはデータの尺度水準を自分で識別する能力は持っていない。そこで分析者がデータを文字型か数値型かのどちらかで入力することを頼りにして分析処理を始めるのが普通である。すると表2.3の4つの尺度への対応はどうなっているのかと言うと、図2.4のような混乱した扱いになっている。

すると文字で入力されたデータが幸いにも名義尺度で測られていた場

合と、数値で入力されたデータが幸いにも比率尺度であった場合にはデータは正しく処理される。しかし、それ以外のケースでは統計ソフトは原データの情報を正当に処理できないことが分かる。順序尺度のデータを名義尺度として統計処理するのは、ダウンスケールで処理することになるので、元々持っていた情報を失うことになる。もっと困ったことは順序尺度のデータを比率尺度とみて計算したり解釈する誤りである。このタイプの誤解の実例を表2.4に関するコメントで指摘した。順序尺度の扱いが一番混乱していることが図2.4で分かる。

　また本来が間隔尺度のデータを比率尺度だと誤解して分析すると、これも誤った解釈を導くことになる。誤った解釈の例を図2.3で示した。

　コンピュータのソフトは、入力されたデータがどの尺度水準に属するかを自動的に判別できるほど賢くは出来ていない。もちろんその責任は統計ソフト側にあるのだが、現実に世の中に賢いソフトがない以上、利用者の方が賢くなって統計ソフトの不備を補わなければならない。マーケティングの分野に現れるデータ、そして顧客アンケートで収集されるデータは、名義尺度あるいは順序尺度が大部分で、水準が上がってもせ

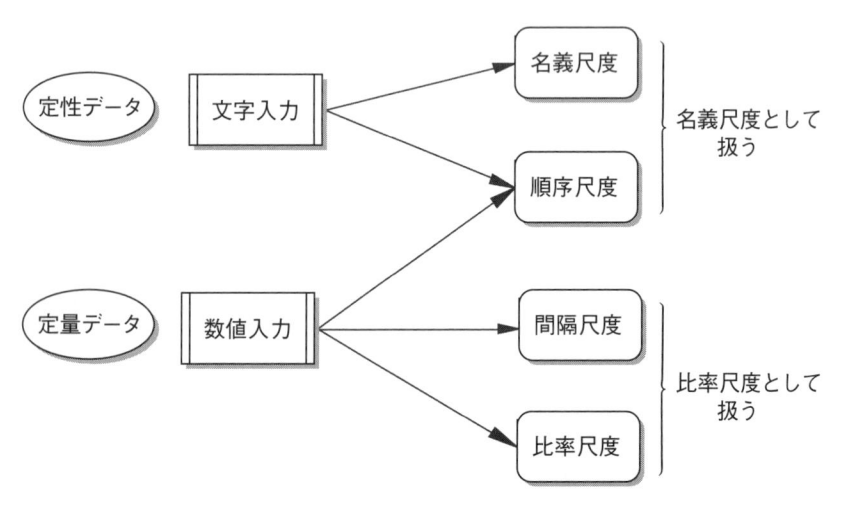

図2.4　統計ソフトによる4つの尺度の誤った扱い

いぜいが間隔尺度である。データが持っている情報を、統計ソフト側が適確に情報処理できない、というデータとツールの溝は深いものがある。

当面、ユーザーは自分の意識的な努力によってデータがどの尺度に該当するかを判定する必要がある。そして判定しただけではなく、自分の判断で正しいデータ処理法を選んでゆかなければならない。統計ソフトはスイッチポンの自動販売機のようには使えないのである。汎用統計パッケージのおかげで人間は何も考えずに済むようになったという認識は正確ではないだろう。ユーザーが正しく操作しない限り統計ソフトは正しいデータ処理など出来ないからである。

■■■ コンテクストからみたデータ理論

尺度区分による統計解析の違いだけが問題ではない。データが発生する環境条件に始まり、データの分析・解釈にいたるまで、データがコンテクスト（文脈や状況のこと）に依存するか否かがかかわってくる。データがコンテクストに依存（dependent）するのか、依存しない（free）のかは程度問題である。そこで、図2.5のようなグラディエーションを入れた図形で表現してみた。

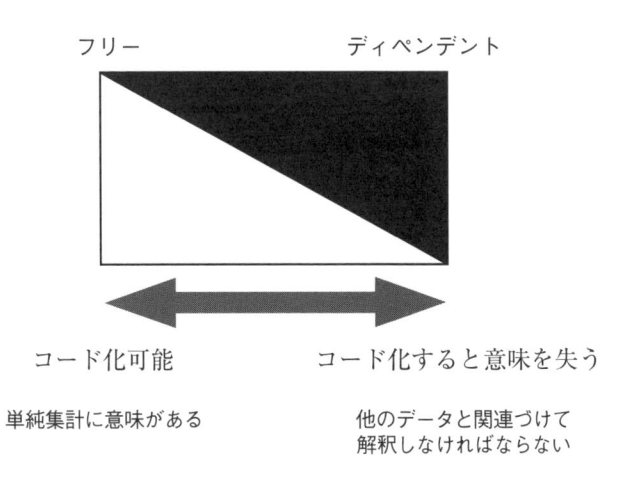

図 2.5　データのコンテクスト依存性

マーケティング・リサーチのデータはコンテクストに依存するレベルによってこの図の横座標のどこかに位置づけられる。そしてその程度によって、データに対する扱い、即ちデータの収集、解析、伝達、蓄積の方法が違ってくる。

　反応の記録手段であるコード化については、「コンテクストに依存しないデータはコード化可能である」という原則に従う。たとえば、「あなたの性別は？」とか「あなたの生年月日は？」と訊ねた結果は、嘘をつかない限り常に同一個人に関して同一のデータが獲得できるはずである。質問の順序、前後の脈絡、質問者が対象者に与えた情報によって反応が変わることはない。

　ところが、顧客アンケートによって得られる回答はコンテクストの影響を受ける場合が多い。例えば、日本の自動車の顧客満足度に関してユーザー調査をしているとしよう。当該質問に先立って、国産車のリコール問題が多発していることについての質問があった場合と、世界で日本の自動車に対する人気が高く、そのため日本の自動車の売り上げが世界一になった、という話題をとりあげてから質問した場合では、日本の自動車に対する満足度の回答は変化するだろう。このようなコンテクストを無視して「日本の自動車メーカーへの満足度は○○」などとレポートする人がいたら、その人はリサーチの専門家とは言えない。人間の回答は調査時における環境設定や質問順序に影響されるものである。

■■■ データ収集とデータの解釈はどう変わるか

　データ収集の方法論はリサーチ課題によって変わってくる。コンテクスト・フリーな情報で事足りるリサーチ課題なら質問紙調査が効率的である。それに対して、もしコンテクスト・ディペンデントな情報が必要なら、非構成的なデータ収集法がよい。その典型的な手法がグループ・インタビューであった。

　質問紙調査の場合は、「あなたの家には冷蔵庫が何台ありますか」「あなたの職業は何ですか」といった1問1問への回答が独立して意味を持

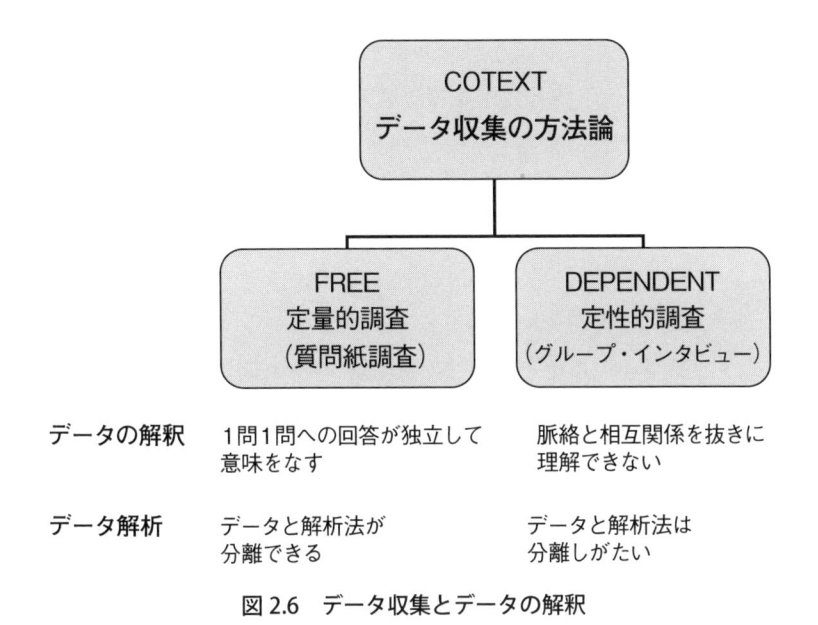

```
                    ┌─────────────────┐
                    │    COTEXT       │
                    │ データ収集の方法論 │
                    └────────┬────────┘
                     ┌───────┴───────┐
            ┌────────┴──────┐ ┌──────┴────────┐
            │    FREE       │ │  DEPENDENT    │
            │  定量的調査    │ │   定性的調査   │
            │ （質問紙調査）  │ │（グループ・インタビュー）│
            └───────────────┘ └───────────────┘
```

データの解釈	1問1問への回答が独立して意味をなす	脈絡と相互関係を抜きに理解できない
データ解析	データと解析法が分離できる	データと解析法は分離しがたい

図 2.6　データ収集とデータの解釈

つ。一方、座談会という環境下で行われるグループ・インタビューでは、人間同士の相互関係、座談会におけるダイナミックなプロセス抜きには発言の真意が解釈できない。

客観的なデータであっても脈絡の中で解釈されることがある。たとえば、図 2.6 の一番上のボックスの中に、COTEXT という文字が書かれている。読者はたいてい、この文字は CONTEXT という単語の印刷ミスであろうと解釈するに違いない。決してここに自分が知らない新しい単語 COTEXT が出てきたのだ、というようには解釈しないに違いない。これこそが脈絡の中で人間はデータを解釈するものだという一例である。

■■■ データ解析の方法がどう変わるか

データがコンテクストに依存するか否かでデータ解析の姿勢も違ってくる。情報集約のために1問1問の設問に対する回答データ（たとえば現在契約している携帯電話の会社名）を集計することを「単純集計」と

いう。次に、回答を年齢別などの基準でブレイクダウンすることを「クロス集計」という。年齢と性別を組み合わせてブレイクダウンすれば「ダブル・クロス」、さらに職業も加えてブレイクダウンすれば「3重クロス」といい、出身地も加えて「4重クロス」……と、いくらでも多重クロスが出来る。調査データは回答間の脈絡を考慮しつつ解釈しなければならない、というデータ解析の姿勢はまさにコンテクストに配慮した姿勢といえる。かりに同じ質問に同じ答えをした人でもコンテクストが違えば意味は違うはずだ……。そう言っていると、違う人間が答えた回答は違ったコンテクストのもとで回答されたはずだから、見かけ上同じ回答だからといって積み上げて集計することは無意味なことになる。筆者はそこまで極端な立場はとらない。多変量解析といって、多数の変数を同時に解析する方法で、データが持っている情報の大部分は表現できると期待しているからである。

■■■ データの蓄積法はどう変わるか

近年、データマイニング*やデータベース・マーケティング*への産業界の関心が高い。これらのデータベースに登録して再利用価値のある情報は、「何時、何個、いくらで購入した」といったコンテクスト・フリーなデータが主なものである。一方、コンテクスト・ディペンデントな情報は、データベースの視点からいうと、「データと利用ソフトが分離不能」ということになる。グループ・インタビューで回答を集計することには何の意味もないが、それは座談会の参加者数が少ないからではない。仮に人数がたくさんいたとしても、脈絡を無視して発言を集計すると真の情報を失ってしまうからである。

それに対して、コンテクスト・フリーなデータであれば当初の利用目的とかかわりなくデータを蓄積したり分析することが可能である。つまりデータ収集時には想定しなかった解析ソフトにかけてデータを分析することも許されるのである。

*データマイニング
統計学等の技法を応用し、大量のデータから情報を取り出す技術。

*データベース・マーケティング
顧客の情報や過去の購買傾向をデータベースに記録して、顧客に合ったサービスを提供するマーケティング手法。

朝野熙彦

第3章
標本調査の前提と限界

POINT

- 推測統計学がマーケティングに適した理論なのかどうかは一概にいえない
- セグメンテーション論は同一母集団からの無作為抽出の前提に反する
- ワンツーワン・マーケティングの発想も標本調査とは異なる

  このような課題において人間をネジと同一視することは誤りである

- マーケティング活動は現象の一回性に特徴がある

  同一条件のもとでテストを何回でも反復できる農事試験や品質管理とは性質が異なる

- 回答が独立に得られないような調査データに対して

  推定や検定を適用することは誤りである

本章では20世紀の前半に生まれて戦後長く日本のマーケティング・リサーチの世界を主導してきたフィッシャーらの推測統計学をとりあげ、そのどこに問題があったのか？　という問いかけをしてみよう。

マーケティング・リサーチの課題によっては、古典的な統計理論を適用することが無意味なことがあると思う。科学は中立的だといっても、その社会における有用性は科学を利用する側の社会的な事情および利用目的と独立に論じられるものではない。本章での指摘は、あくまでもマーケティング・リサーチの分野に限った指摘であり、それ以外の分野にまで一般化させるつもりは全くない*。

*本章は朝野（2010a）をもとに加筆したものである。

3.1　破たんするフィッシャーの主張

統計的推測についてフィッシャーは次のように主張している。『実験の結果から確実な結論を導くことは可能であると考える。すなわち、標本から母集団を、特殊から一般を論ずることは可能である。もちろん特殊から一般を論ずるには、ある程度の危険性を伴うことは認めなければならない。しかしだからといって結論があいまいだという意味ではない。すなわち不確実性の性質と程度は厳密に示しうるからである。』（Fisher, 1951, pp.3-4）

フィッシャーが農事試験のために開発したサンプリング理論はその後、医学や工業の分野に応用されて成功を収めてきた。表3.1をみれば小麦をモルモットにおきかえたのが医薬品検査であり、工業製品におきかえたのがシューハートやDeming（1950）らのQCであったことがわかる。さらに小麦を人間におきかえたのが世論調査や消費者調査であった。

表 3.1　サンプリングの適用分野

展開ステップ	適用分野	サンプルの例
(1)	農事試験	小麦の生育状況
(2)	医薬品検査	モルモットの致死率
(3)	工業の QC	ボルトのサイズ
(4)	世論調査	人々の世論
(5)	消費者調査	消費者のニーズ

■■■ サンプルが人間であることの特殊性

　順調に適用分野を拡大してきた無作為抽出であったが、表3.1の（4）と（5）に至って、初めてほころびが出はじめる。それは抽出された対象の側が測定を断る、という問題が出てきたことによる。

　もちろん無作為に断ってくれればまだ傷は浅いが、調査テーマに関心がなかったり、自分の回答に差しさわりがあって回答したくない人ほど協力を拒否するだろうから問題は深刻になる。妻帯者に浮気経験を聞いたところ調査結果では全員が「無い」と答えた……。しかもウソの回答はなかったとしよう。さて何故だろう。答えは分かりますね？　やましい人が調査に協力しなかっただけなのだ。この偏りを**セレクション・バイアス**といって、回答結果に母集団代表性が無くなる典型例といえる。その点、小麦は自分が刈り取られることを拒否しないし、ボルトは自分に自信がないからといって検査を辞退することもない。農業や工業はサンプリング理論が通用する幸せな世界であった。

　しかし、セレクション・バイアスに関する問題は真摯に調査協力を依頼する努力や回答内容のバリデーション（検票チェック）によって、ある程度解決できる問題かもしれない。フィッシャーの理論の欠点はさらに深いところにある。

3.2 リアリティーのない確率論

確率論では母集団の推測をどのようにとらえているのだろうか。図3.1にその概念図を示した。確率変数が独立して同一の分布に従うことを確率論ではi.i.d. (independently and identically distributed) という。数理統計学は多くの場合、**i.i.d.の仮定**に立ってその理論を構築してきた。

確率論でいうところの標本とは、同一の確率変数から次々と生成される実現値の組みをさす。つまりボルト自体が標本なのではなく、たとえば「ボルトの直径」という確率変数に関してくりかえし測定された〇〇ミリというデータのセットが標本なのである。同様に人間が標本なのではなく、人間の何らかの一面に着目して収集されたデータが標本なのである。したがって身長が確率変数だとすれば、世界の人類の間にはさほど巨大な格差はないという結論が成り立つだろう。

しかし資産という変数に着目するなら、ビル・ゲイツと筆者との格差は天文学的であると言わなければならない。人間に格差があるのかないかは一概に断言できることではなく、マーケティングで問題にしている変数しだいで結論はいかようにでも変わる。

さて、何らかの固定パラメータ θ を持った確率分布に従う確率変数 X

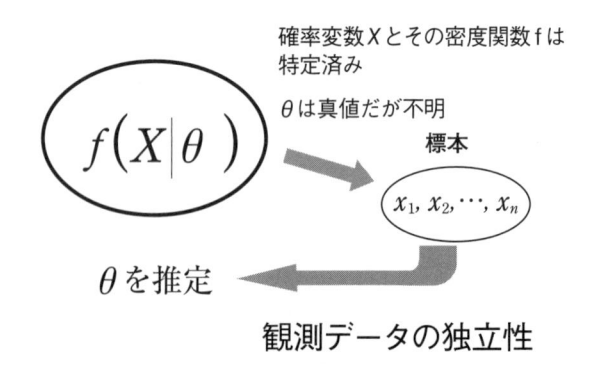

図3.1 母集団の推測とは何か

から標本が生み出される、ということは、同一の母集団から観測値が生み出されるというメカニズムを仮定していることになる。無作為抽出とi.i.d. の仮定は同義なのである。

　リサーチャーは自分が問題に取り上げた確率変数 X がどのような密度関数（離散変数であれば確率関数）f に従うかを調査以前の段階で既知である、という相当に無理な仮定をおく。本来は想定した密度関数がマーケティング現象に対応して正しいのかをまず問わなければならないはずだ。しかし通常そこは正しいものとして話を先へ進めてしまう。そして密度関数 f は既知なのに分布を規定するパラメータ θ の値だけが分からないという不思議な状況を設定する。以上の仮定に立って同一の母集団から独立に発生する標本を用いて θ を推定しよう、というのが母集団推測のロジックである。

【無理その1】消費者の異質性、クラスター分析の怪

　マーケティングの主要な課題は、STP（Segmentation, Targeting, Positioning）である。市場は異なるグループから出来ていると想定できるから、まず市場を細分化しよう。次に細分化されたサブ市場の中からターゲット市場を決め、そのターゲットに適合させてマーケティング活動を展開してゆこうという戦略である。

■■■ 無作為抽出との本質的な違反

　ところで、このようなマーケティングの発想は、無作為抽出の標本理論とはその前提からして相容れないことに注意しなければならない。

　無作為抽出の標本理論ではデータに差異があったとしても、それは測定を反復する過程で生じた偶然の産物にすぎないとみなす。一方マーケティングにおいては消費者に個人差があることは本質的な性質であるという前提に立つ。

もし消費者の行動が全員同一の確率変数に従うとするなら行動の相違は単なる確率変動にすぎないことになる。そうだとしたら、顧客によってマーケティング対応を差別化するロイヤリティプログラムも One-to-One マーケティングもあったものではない。

　フィッシャーは農事試験の田圃から刈り取り検査を行い、その実務的な場面に適合させて彼の推測統計学を構築した。しかし一人ひとりの顧客をフィッシャーの麦の一粒一粒と同一視することは適切なのだろうか。ビールが好きな人もいれば嫌いな人もいる。そして企業にとっては商品の好き嫌いは瑣末な相違ではなく、とても重要な相違なのである。さらに少数のヘビーユーザーが製品の大部分を消費するという 20 対 80 の法則*が成り立つ市場もある。ノンユーザーを何十人集めようがヘビーユーザー 1 人の代わりにはならない。マーケティングではあの人とこの人をランダムにシャッフルしてはならないのである。一方、稲の刈り取り検査なら、同じ田圃のどの稲を刈り取ろうが一本の稲は一本の稲である。

> *20 対 80 の法則
> 上位 20% の顧客が、全体の収益の 80% を生み出すという経験則。

■■■ 母集団の捉え方に矛盾

　消費者の異質性の観点からマーケティング・リサーチの実務に見られる一つの矛盾を指摘しよう。それは調査の準備段階では消費者が同一の母集団に属することを前提にして無作為抽出をしていながら（あるいは本来は無作為抽出が正しいのだといいながら）、いったん調査データが取得された後ではクラスター分析*にかけて、マーケットは異なる集団から成り立っていましたというレポートを出すことである。このロジックは矛盾していないか。i.i.d. の仮定とクラスター分析の論理はどこで折り合えるというのだろうか。

> *クラスター分析
> 集団を分割して似たようなグループにくくるための分析法のこと。

　同じ機械から製造されたネジを図 3.2 に示した。一方で MDS の結果からタレントをクラスター分析したのが図 3.3 である（鈴木、2010）。ここではタレントに対するイメージに着目してタレントを空間に位置付けた。この図はタレントにはそれぞれ異なるイメージが持たれていること

を示唆している。それではタレントに個人差はあるのだろうか。それとも図3.3はただの偶然の変動をプロットしたものなのだろうか。

　読者も自分自身と身の周りの人とを比べてもらいたい。はたして人間とは誰もが同じ「金太郎飴」のような存在なのだろうか？　それとも「一人ひとりが世界にただ一つの花」のような存在なのだろうか？　どちらが正しいかは問題にしている消費者行動次第だ、ということになる。

図 3.2　同一母集団からの無作為抽出

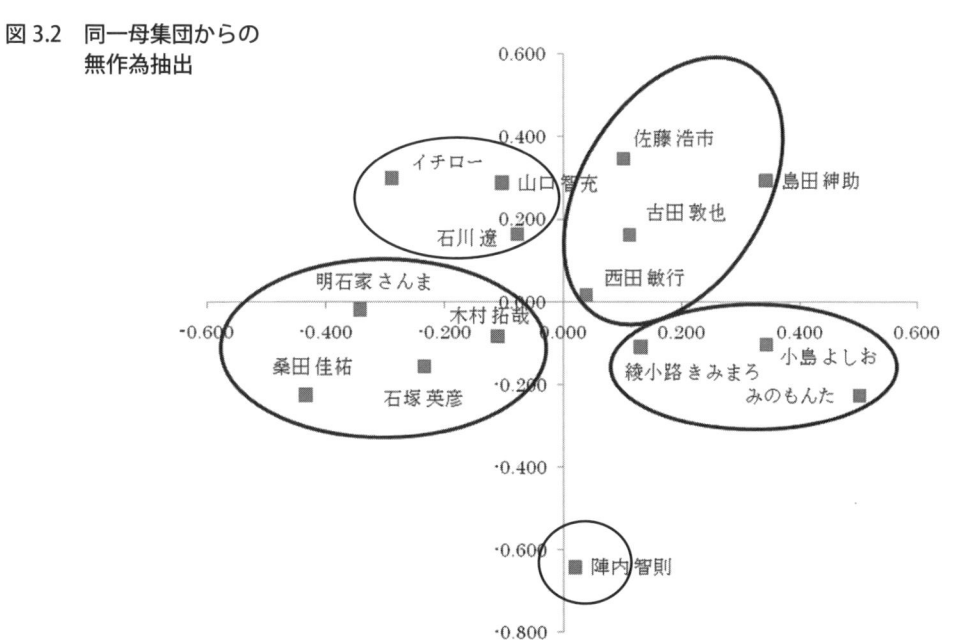

図 3.3　タレントのクラスター分析（鈴木、2010）

3.2　リアリティーのない確率論　　41

【無理その 2】消費者の反応が独立に得られない

①グループ・インタビュー
②テレビ番組のスタジオに一般の方々を呼んで行う集合調査
③ボードにシールを貼ってもらう街頭インタビュー

　これらの調査では消費者の反応が i.i.d. の仮定を満たさない。したがって、フィッシャーが標榜したように「部分から全体を論じる」ことも「不確実性の性質と程度を厳密に示す」ことも無理である。他人と相談しながら答えたり、他人の回答結果に自分の回答が左右されるからである。回答者の数をいくら増やそうが駄目なものは駄目である。これらの調査は従来、対象者の選定が無作為に行われないことをもって無作為性がないと指摘されてきた。しかし仮に対象者が無作為に選べたところで、反応が独立に得られない以上、無作為抽出にはならないのである。①〜③のような調査では、対象者に目隠しさせて一人ひとりを防音室に閉じ込めて他人の言動が一切分からないようにする、というような環境条件を整えない限り反応の独立性は保証されない。
　もっとも筆者はグループ・インタビューの価値を、パラメータ θ の推測とは別なものとみているので、グループ・インタビューによって母集団の推測が出来なくても、それをグループ・インタビューの欠点だとは考えない。グループ・インタビューには発見的あるいは解釈的な価値があると考えるからである。一方、②や③の調査から得られるデータに情報価値があるのか、それともただの面白おかしい番組ネタ作りにすぎないのか、慎重に考えてみる必要がある。しかしいずれにせよ古典的な統計理論を適用することは誤っている。

3.3 推定の真意と現実

　前節で述べたように何のための無作為抽出なのかといえば、それはパラメータ θ を推測するためである、というのが古典的な統計学の立場であった。そして統計的推測の具体的な中味は θ に関する推定と検定であった。日本の調査の世界では、統計的推測は科学的だ⇒無作為抽出すれば統計的推測ができる⇒無作為抽出をした調査だけが科学的である、という3段論法が絶対的な真理のように信奉されてきたように思う。

■■■ 比率の区間推定の論理

　それでは θ の推定がどれほど科学的な推論なのかを比率の区間推定を例に挙げて検討してみよう。

　θ は真の定数であるが我々人間には未知である。リサーチャーが着目する確率変数がこの真の θ をもった2項分布に従い、そして独立して測定値が発生すると仮定する。以上の仮定を前提に、1回の調査を1セットとして標本統計量である標本比率 p を調査データから求める。信頼度を95％と設定しよう。

　さて図3.4のように、仮に100回調査を繰り返せば95回は θ を中心とした色付きのゾーンに p が入るというのが95％信頼区間の意味なのだろうか。この説明は正しくない。真の θ が分からないのだから図3.4の信頼区間そのものが確定できないはずである。

　たんなる思考実験であるが調査を何回でも繰り返せると仮定しよう。測定値の数 n が十分に大きい時に、標本統計量 p の標本分布は正規分布に近づくことが知られている。この時、母比率 θ は p を中心とした①の区間に入ることが95％確かである。ここではたとえば比率が20％のときは $p=0.2$ というように書くことにする。

$$\left[p-1.96\sqrt{\frac{p(1-p)}{n}},\ p+1.96\sqrt{\frac{p(1-p)}{n}}\right] \qquad \cdots\cdots\cdots ①$$

①の区間を信頼度95％の信頼区間 confidence interval と呼ぶ。ネイマン流の信頼区間の解釈では、**調査の都度変動するのは定数の θ ではなく区間の方である**。θ は定数なのだから確率的に変動するはずがない。ちなみに具体的に区間の範囲が定まった条件下では θ は定数だったのだから、θ はその区間に入るか入らないかのどちらか一方しかあり得ない。95％の確率でその区間に入るというような確率的な意味は持たない。これも誤解されやすい点である。

■■■ 多数回の調査に支えられる信頼性

真の値 θ がどんな値をもつかは結局は分からずじまいだが、上記の言明は、多数回調査して得られる多数の信頼区間を θ が横切る相対頻度が95％になるということを意味する。100回調査した内の95回という意味が分かりづらいと思うので、図3.5で説明しよう。ここでは、100回の調査のうち×をつけた調査で信頼区間が θ を外している。この外れが5回発生する。標本統計量 p の値次第で信頼区間の長さが調査ごとに伸縮することにも注意が必要である。図3.6に示す通り p の値によって p の標準誤差が変化する。信頼区間は図3.4のような一定幅にはならないのだ。

しかし統計理論の正しさを実証するために全く同じ調査を100回もやり直すことは実行は難しいだろう。企業なら経営者が、官庁なら議会がそのような出費を認めないに違いない。同一の時期に同一の調査を実施しない限り同一の測定とは言えない。もし調査員を変えてしまったら対象者の回答も変わるかもしれない。従って、調査費用が潤沢にあったとしても推定論の正しさを現実のマーケティング・リサーチで厳密に実証することはほぼ絶望的であることは認めてもらわなければならない。

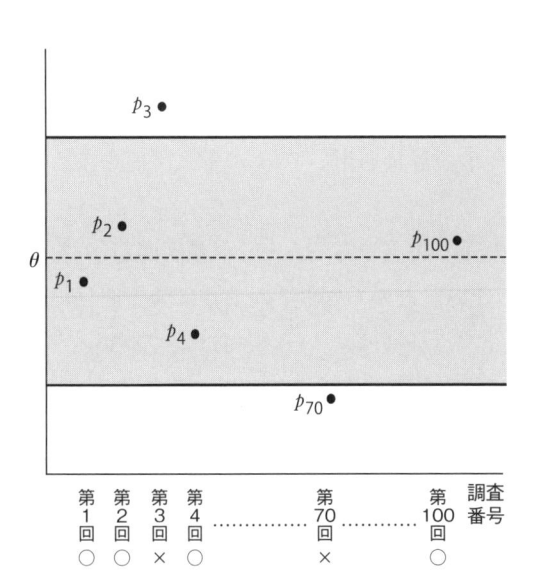

図 3.4 パラメータの信頼区間？

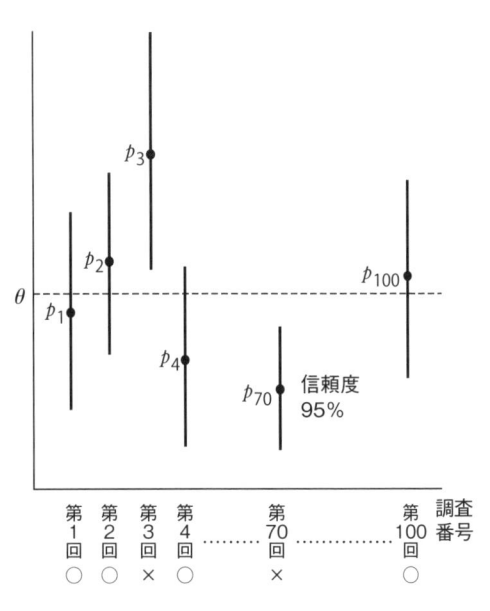

図 3.5 調査を繰り返すと変動する推定区間

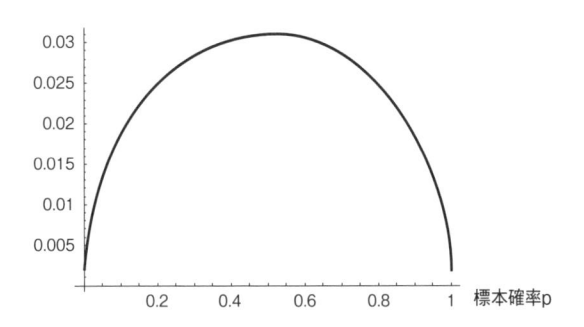

図 3.6 信頼度 95%、n=1000 の時の確率の信頼区間の幅 /2

さて、図3.5でも依然としてθは確定できないし、信頼区間も調査の都度ふらふら変動したままである。統計量が確率的に変動するので、真のθは一定のはずなのに推定と検定の結論の方は調査のたびに変化することになる！　ではマーケティング・リサーチの実務ではどのようにこの問題に対処しているのだろうか？　結論から言うと調査は第1回目で終わりにしてその時の調査の標本統計量を用いてθの信頼区間を求めているのである。

もちろん第1回に限らずどの回の調査であろうと「信頼区間がθを外す」確率は100分の5で変わらない。だから図3.7のように第1回目の標本比率がいきなりθにジャストヒットするという根拠は全くない。第1回目がθを外す可能性も第2回目以降と変わらないはずだ。つまり図3.7に書いた破線は第1回目の標本比率p_1にすぎなくて真のθではないのである。推定値は一個しか得られないから確率変数pの分布が本当に正規分布するかどうかも実証できない。もちろん調査を何度も繰り返せばpの平均値が一定の値に収束することは確かめられるかもしれない。しかし

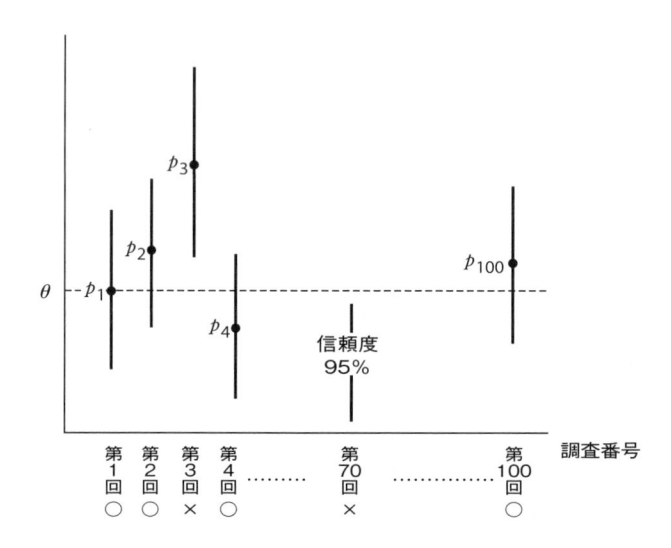

図 3.7　あやしい理屈

多くの場合はそれは実行不可能なので1回きりの調査だけで止めているのである。通常のマーケティング・リサーチでは「やむをえなく」、「近似的に」推定を行い、そして推定と裏腹の関係にある検定をしているのが実情である。このような推測統計の実行をもってなぜ厳密だとか科学的だといえるのだろうか。

■■■ 新しい統計モデルの発展

　3.1節で指摘した「破たんするフィッシャーの主張」に対しては、フィッシャーの主張はどこも破たんしていない、という反論があるだろう。その通りである。農業や工業での抜き取り検査であれば、無限とはいわないまでも何度でも検査を繰り返すことが出来る。またモンテカルロ・シミュレーションならば、何十万回でも計算実験を行うことも造作ない。すべて、実験される側からの抵抗を受けないという共通点がある。フィッシャーは人間相手の調査などという利用場面は念頭におかずに、局所管理と無作為化による実験計画法を提唱した（芝村、2004）。農事試験や品質管理の分野であれば、測定結果に影響する主要な要因はコントロールできて残された変動は誤差とみなしてよいからフィッシャーの主張は何ら破たんしていないのである。

　3.2節で指摘した i.i.d. の仮定も、それが無理のない現象に対してはとても有効であり、すっきりとした統計的推論を導くことができる。いくらか仮定に無理があろうとも、それを補えるほど科学技術の進歩に貢献してきたのであろう。しかしマーケティングの世界では、人々が同一の母集団に属するという仮定は乱暴すぎるのではないだろうか？　近年のマーケティングは Smith（1956）が唱えたセグメンテーション論を超えて、一人ひとりの個性の違いを尊重し、個々の顧客の生涯価値（LTV：Life Time Value）の視点を組み入れた CRM（Customer Relationship Management）を志向するようになってきた。

　3.3節ではマーケティング・リサーチにおける推測統計の現実は、理論が想定していた状況とは乖離があることを指摘した。決してマーケティ

ング・リサーチに落ち度があるわけではない。フィッシャーが想定していた同一条件で何回でも反復できる実験と、それがほぼ不可能なマーケティング・リサーチでは置かれている環境が違う、というだけの話である。

無理のある仮定、理論通りに実行出来ない推測統計にこだわらずに、より記述的な側面とか仮説の発見を重視する統計学が20世紀の後半に発展してきた。

新しい統計モデルを紹介することは、顧客アンケートの初心者を対象に書かれた本書の範囲をこえる。しかしデータから因果関係の強さを推定することは基本的な統計解析の範疇なので、8章でごく基礎的な統計モデルを紹介しよう。

丸山　泰

第4章
リサーチのプロセスと実行管理

POINT

- 解くべきマーケティング課題を明確にすることが
  マーケティング・リサーチの第1歩である
- ネット調査やグループ・インタビューなど
  各種の調査手法の長所・短所を勘案して使い分けることが大切
- 調査結果によってどのように意思決定するのか関連部門も含めて予め決めておくこと
  （調査結果が出てからの後付け解釈を避けるためである）
- 発見もなく意思決定にも使えない調査は無駄な調査である
- 調査を外注する際のポイントについても整理した

この章では主に、マーケティング課題の発見から意思決定にいたるまでのリサーチの一連の流れと、それぞれのプロセスにおけるポイントを解説する。有意義なリサーチを実行するためには、マーケティングアクションにおけるリサーチの位置づけや、それぞれのリサーチに適した調査の種類と手法も知っておく必要がある。

リサーチ担当者の仕事は、単に調査を実施することではなく、ビジネスに役立つ情報（発見／意思決定サポート情報）を創造することにある。アンケート調査が簡単にできる時代になった今こそ、これは改めて肝に銘じるべきことであると考える。

4.1　マーケティング活動とリサーチ

マーケティングアクションは、市場や生活者の外部環境に、技術や人・投資等の内部環境を適合させていく活動であると促えることができる。とすると、マーケティングリサーチは外部環境の情報を社内にもたらすという重要な役割を担っていると考えられる。

図 4.1 に示すように、マーケティング課題の解決を目的に実施されるリサーチの結果は、様々なマーケティング要素（他の外部環境データや内部環境データ）と一緒に総合的に検討される判断材料となるのである。

COLUMN
リサーチャーの人材育成

リサーチ機能を社内に組織化する場合、リサーチャーをどう育成するかをきちんと考えておく必要がある。本章で示すように、リサーチを適切に実行するためには多くの専門的知識が必要である。基本となる統計学だけでなく、心理学、人間工学、脳科学など多くの知見も要求される職種である。もちろん、マーケティングの意思決定に有効に活用させるアウトプットを出すためには、当然マーケティングに対する深い洞察力も必要なのは言うまでもない。開発だけでなく、宣伝広告・販促・広報活動に至るまで幅広くマーケティングの知見と経験が求められるのである。

このようにリサーチャーは一朝一夕には養成できない職種であることを理解して、長期的な人材育成計画を構築することが大切である。

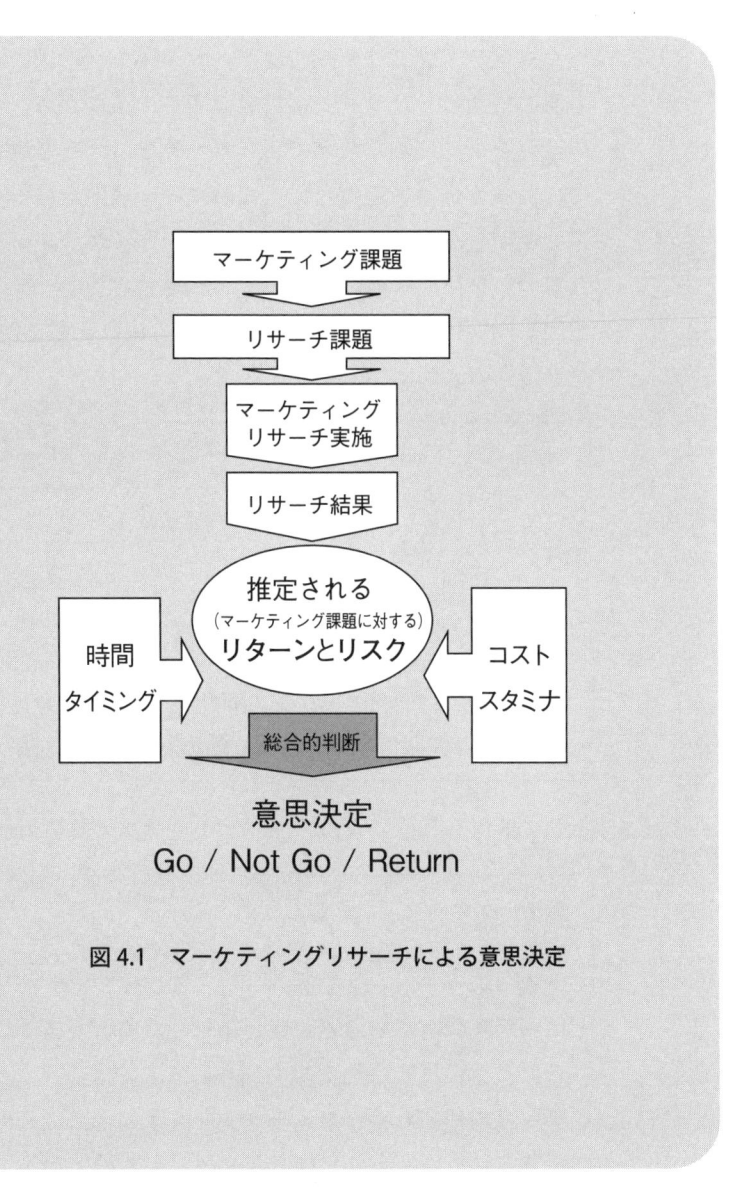

図 4.1　マーケティングリサーチによる意思決定

■■■ マーケテングにおけるリサーチのタイミング

　マーケティングリサーチはマーケティング活動の流れの中で実施されるものである。リサーチ担当者は当然の事ながら、マーケティング活動の流れをよく理解した上で、リサーチを計画しなければならない。ここで、メーカー（製造販売業）における一般的なマーケティングの流れを追いながら、どのようなタイミングでマーケティングリサーチが実施されるのかを見てみたい。

　図4.2にメーカーのマーケティングの流れを概念的に示す。マーケティング活動の流れは

> 企画立案（Plan）― 実行（Do）― 診断（Check）― 改善強化（Action）

といういわゆるPDCAサイクルの形で表すことができる。この中で、主にリサーチは、 P：企画立案段階 と C：診断段階 において活用される。

　プランニングの段階におけるマーケティングリサーチは、

> ①コンセプト*やアイデアを方向付ける局面における探索や仮説検証
> ②最終的な商品化の判断を下す意思決定の判断材料

*コンセプト
p.67のコラム参照。

として活用される。また、マーケティングの診断局面では、

> ①マーケティングが計画通り進んでいるか
> ②マーケティング課題や更なる機会がないか

といった現状確認や課題・機会発見のために実施される。

　このように様々な局面で実施されるマーケティングリサーチは、局面によって求められるパフォーマンスが異なってくるので、手法の選択や判断基準について十分な検討が必要となるのである。

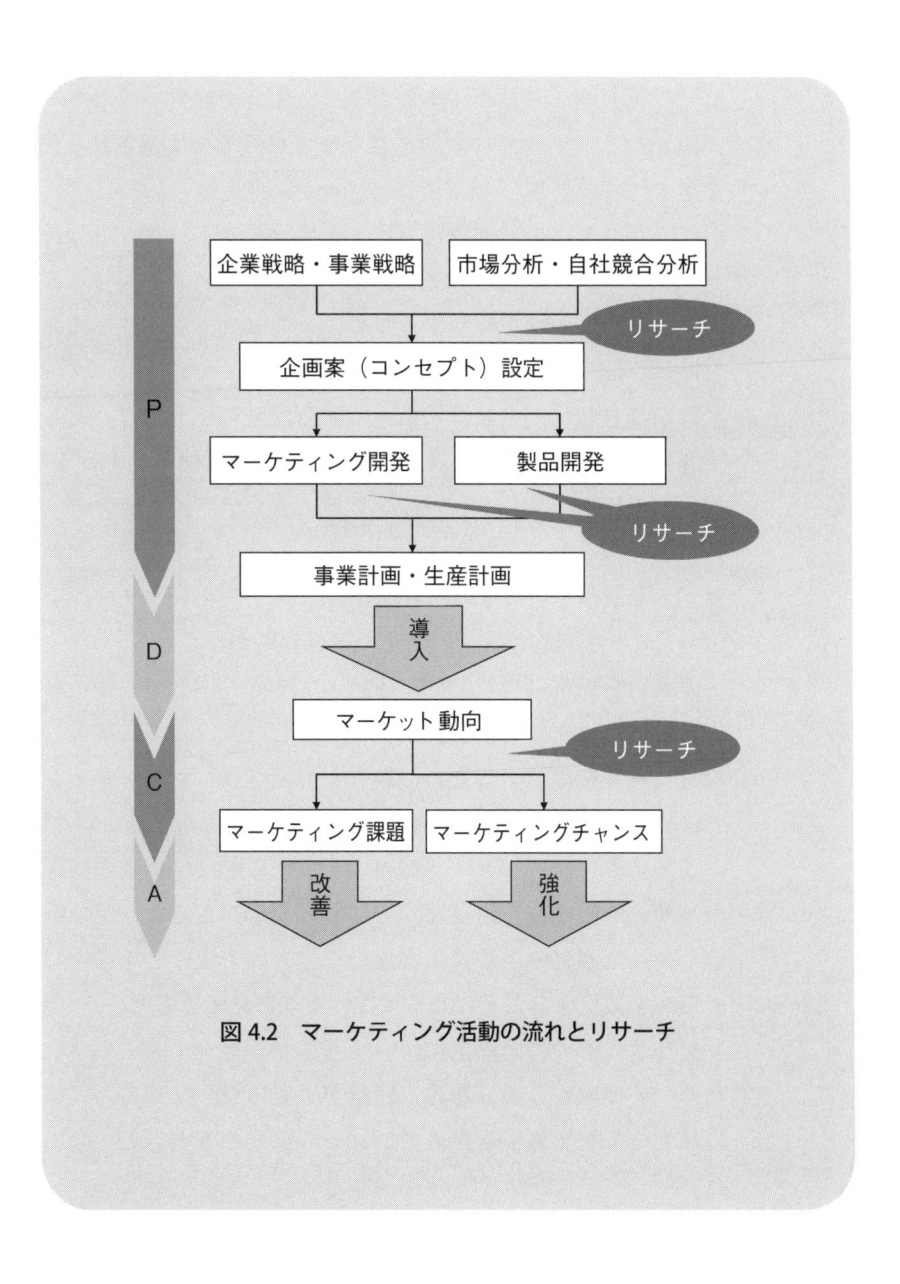

図4.2 マーケティング活動の流れとリサーチ

4.1 マーケティング活動とリサーチ

4.2　マーケティングのステップに対応した調査

　図4.3に、マーケティングのステップに併せて実施される代表的な調査を示す。

　プランニングの初期段階では、市場分析やターゲット分析のためのリサーチやニーズやアイデアを探索するための調査が実施され、次いで企画の大きな方向性を確認するためにコンセプト受容性を確認する調査が行われる。コンセプトの方向が決定したら、製品設計、マーケティング設計がなされ、その設計に沿って開発段階に移行する。そして、その中で各仕様の確認のための調査が実施される。性能確認を行うプロト品（試作品）の使用テストやネーミングテスト、デザインテスト、パッケージテスト等がそれらに該当する。また、開発の最終段階においては、コンセプトと製品を合わせた最終的なコンセプト＆パフォーマンステストやCMテストが実施され、商品化の可否判断がなされる。

　導入、発売後については、商品・ブランドがどの程度市場に浸透しているか（認知や購入使用経験）を確認したり、初期に購入した顧客のプロフィールを確認するための調査が実施され、マーケティングアクションによる市場の変化が計画通りに進行しているかどうかが診断される。

　このようにマーケティングのステップに応じて個別の課題解決に適したリサーチの手段を選ばなくてはならない。さらに、定量調査と定性調査といった測定の手法による違いや分析の方法などを考慮して、リサーチ手法を確定することになる。このように見てくると、一つのマーケティングリサーチの計画決定についても、マーケティングやマーケティングリサーチに関する深い知識や経験が必要になってくるわけである。正しいリサーチを実施するためのプロセスをその考え方と併せて次に呈示したい。

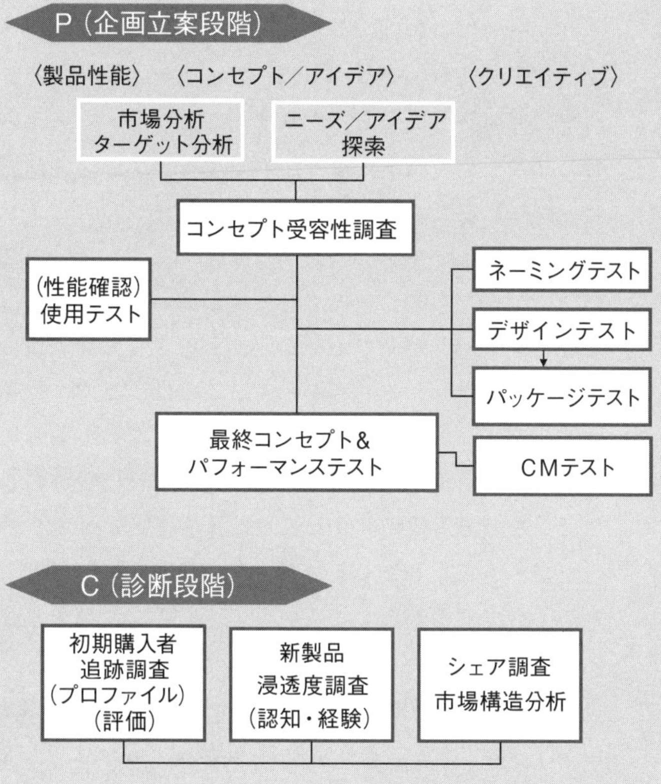

```
┌─ P (企画立案段階)
〈製品性能〉  〈コンセプト／アイデア〉    〈クリエイティブ〉

        ┌──────────┐  ┌──────────┐
        │ 市場分析  │  │ニーズ／アイデア│
        │ターゲット分析│  │  探索    │
        └─────┬────┘  └────┬─────┘
                   │
              ┌────┴─────┐
              │コンセプト受容性調査│
              └────┬─────┘
     ┌──────────┐  │           ┌──────────┐
     │(性能確認) │  │           │ネーミングテスト│
     │ 使用テスト │──┤           └──────────┘
     └──────────┘  │           ┌──────────┐
                   ├──────────│ デザインテスト │
                   │           └──────────┘
                   │                 ↓
                   │           ┌──────────┐
                   │           │パッケージテスト│
                   │           └──────────┘
              ┌────┴─────┐    ┌──────────┐
              │ 最終コンセプト&│────│  CMテスト  │
              │パフォーマンステスト│    └──────────┘
              └──────────┘
```

┌─ C (診断段階)

┌─────────┐ ┌─────────┐ ┌─────────┐
│ 初期購入者 │ │ 新製品 │ │ シェア調査 │
│ 追跡調査 │ │浸透度調査 │ │市場構造分析│
│(プロファイル)│ │(認知・経験)│ │   │
│ (評価)   │ │   │ │   │
└─────────┘ └─────────┘ └─────────┘

図4.3　マーケティングリサーチの主な種類

4.3 リサーチのプロセス

【プロセス1】マーケティング課題の定義

リサーチ担当者は、多くの場合、社内の他部門からリサーチの依頼を受ける形になる。それは主に、マーケティング部門であったり、企画部門や研究開発部門であったりすることが多いと考えられる。まず、依頼者とリサーチの背景となっているマーケティング課題について整理してしっかりと定義することが重要である。

依頼部門はマーケティングリサーチに関し十分な知識や経験を有していないケースも多く、得てして「こういう調査をやってくれ」とか「こんなアンケートがやりたいんだ」といきなり調査票の中身の話をされる事も多いと思われる。しかし、ここでは、まず、依頼者が直面しているマーケティング課題について確認すべきなのである。これによって、得られた調査結果からどんな意思決定をすればよいのかといった事もクリアになるので、依頼者にとっても有益なステップになると考える。

ただ、いきなりマーケティングの課題を述べろと大上段に振りかぶるとかえって言葉が出てこないものである。ここで、課題を整理するための一つの質問と大まかな方向の選択肢を図4.4に提示した。

依頼者への問いかけが重要

依頼者に「あなたが調査したいと思った気持ちを教えてください」と問いかけるのである。そうすると、図4.4に示すように依頼の理由は、機会発見、手応え、選択、検証、予測、診断、といった6つの理由くらいに大分されるだろう。そうすれば、課題の理解共有化も容易になってくる。もしも、この質問に対する答えが曖昧だった場合には、依頼者の考えがまとまっていないという事になるので、再整理をお願いすることになるし、リサーチ担当者も積極的に課題整理に協力することが求められる。

| 調査したい気持ち | ⇔ | マーケティング課題 |

○何かキッカケをつかみたい　　　　　　　機会発見
　（市場機会、ニーズ、アイデア）

○企画案に自信（確信）を持ちたい　　　　手応え

○迷っている案から絞りこみたい　　　　　選　択

○最終的な受容性を確認し、　　　　　　　検　証
　会社として意思決定をしたい

○売上等、具体的に見積もりたい　　　　　予　測

○マーケティングが計画通り進んでいるか　診　断
　確認したい、課題を見つけたい

図 4.4　マーケティングの課題に迫る問い

　図 4.4 の 6 つの理由は、おおよそ前述したマーケティングのステップの流れに沿っており、これによって、マーケティングステップが正しく進んでいるかのチェックにもなる。もしも、まだ開発の初期段階にいるのに予測や検証といった課題を提示されたり、商品化の最終段階であるのにかかわらず、発見や選択といった課題が持ち込まれた場合には、マーケティングステップがうまく進行していなかったり、不整合が起きている可能性がある。これを指摘することもリサーチ担当者の重要な責務である。

【プロセスⅡ】意思決定の形の確認

定性か定量かの判断

　実務としてマーケティングリサーチ計画を立てる際に、定量的な調査を行うか、定性的な調査を行うかという選択の問題も意外と判断に苦しむところである。定量か定性かを判断するポイントは大きく2つあると考える。

　1つは、先ほどの課題に依存する考え方であり、発見とか手応えといった課題解決には定性型の調査手法の方が向いているケースが多く、選択や検証や予測へと進むにつれ、定量型の手法が求められる事が多い。

　2つ目のポイントは、その調査結果を誰がどんな立場で意思決定するのかという点である。通常、会社内でプロジェクトが進行する場合には、図4.5に示すように初めは個人や小集団での意思決定を行い、徐々に部署や部門といったレベルでの判断となり、最終的には全社の意思決定を仰ぐという形で進むのが一般的であると考えられる。このように意思決定の階層が上がっていくと、当該企画に関わる市場やターゲットに関する情報量や理解度は薄くなるのが一般的な傾向である。当該分野に関して詳しければ詳しいほど、定性的情報というハイコンテクストな情報であっても正しい判断や選択に導く可能性は高くなると言える。逆に、あまり情報を有していない集団に、定性情報を持ち込むとその解釈がブレてしまって混乱を招いてしまうケースも少なくない。本章の冒頭で述べたように意思決定に利用されなければ調査は無駄となってしまうため、リサーチ担当者は、当該調査結果に関わる意思決定の形についても考慮することが必要となるのである。

　集団が判断できる情報は、その集団のリテラシーに依存する。組織のマーケティングリテラシーを超える理解力を要求するデータを供しても、判断不能に陥るだけなのである。リサーチ担当者は、自らの組織の器量に合った情報を選択することも重要なポイントとなってくる。

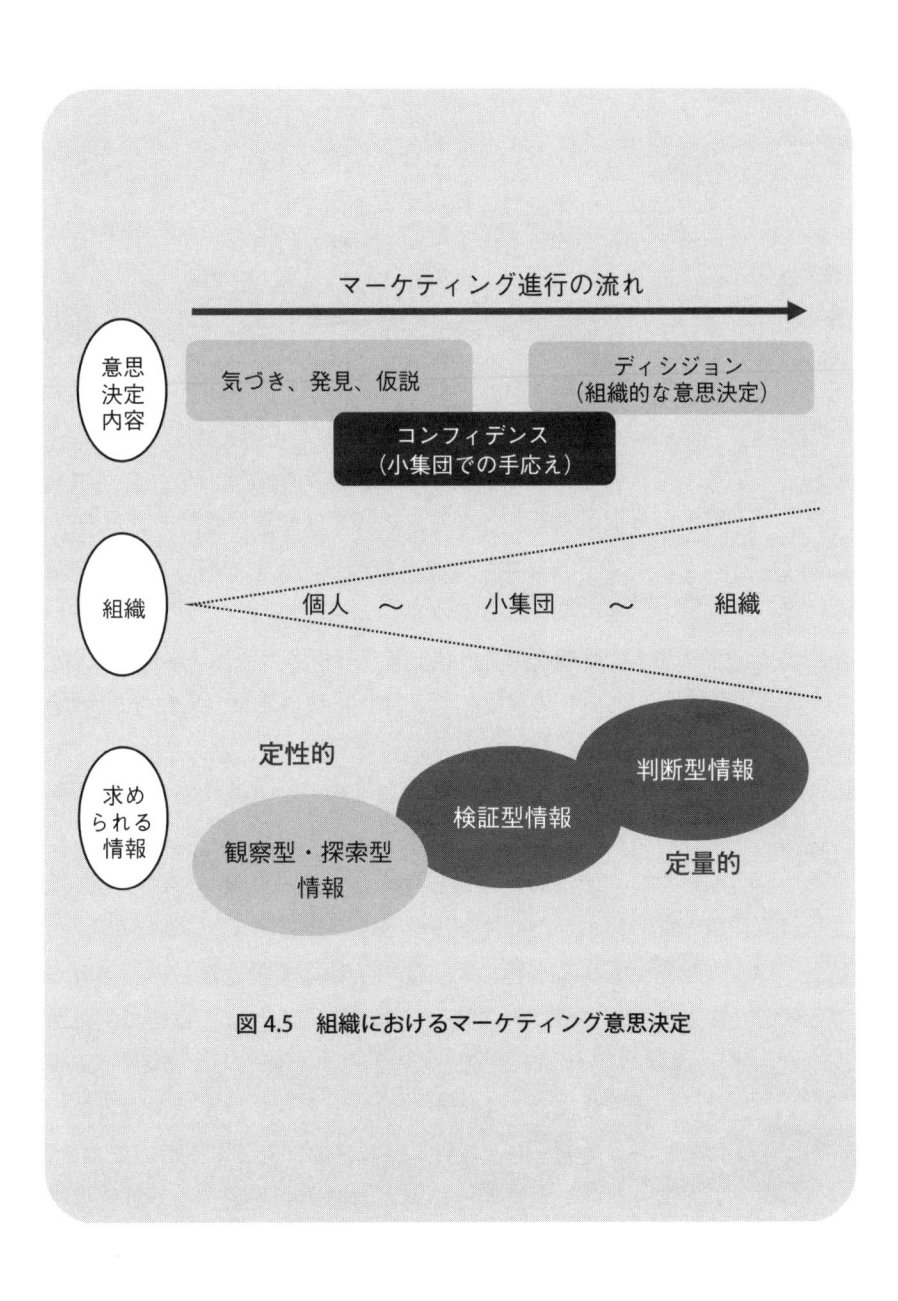

図4.5 組織におけるマーケティング意思決定

【プロセスⅢ】リサーチ課題設定と調査設計

マーケティングの課題が定義され、意思決定の形が決まれば、いよいよ調査設計に入る。ここでは、リサーチ担当者はまず、**マーケティング課題をリサーチ課題に翻訳**する作業を行う必要がある。マーケティング課題とリサーチ課題はイコールではないのだ。

例えば、「この企画は、売れるのか売れないのか知りたい」というマーケティング課題が提示されたとして、それはそのままリサーチ課題にはならない。何故なら、売れるか売れないかをリサーチで当てることは不可能に近いからである。リサーチは予言や占いではない。この場合のリサーチ課題は「この企画が売れそうか売れなさそうかを事前の調査測定結果から推定する」となる。これではやや抽象的すぎるので、「この企画のコンセプト（文章）に対するターゲットの購入意向を測定する」という位の定義になると考える。

リサーチ課題が決まれば、調査対象者の設定、対象者数（n 数と略称することがある）の設定、データ収集法（定量、定性等）、収集項目のリストアップなどを行っていく。

自社実施か外注か　ここで、調査実査を自社で行うのか、外注するのかを選択するのかという判断が求められる。よくコストがないから自社でやるしかないという声を聞くが、調査を自ら行うという事は簡単ではない。インハウスで調査を実施するために具備すべき要件を図4.6に挙げた。

企業にもよるが特に①〜③の要件の整備は難しい。顧客が来店者であるような流通業で現状把握する調査であれば、自社で実施できるかもしれない。しかし、不特定多数の消費者を顧客とするメーカーの場合は、顧客の全体を代表するような調査協力者をリクルートすること自体が非常に難しい。業態と商品特性、調査目的にもよるから一概には言えないが、実査部分だけでも外注の検討をお勧めしたい。また外注先を選定する場合のチェックポイントも図4.6の6ポイントを参考にできると考える。付録Aに外注先を選定する手掛かりになる情報源をまとめている。

①対象者リクルート力

・質の高い情報を得るためには、調査協力者をリクルートできる能力は必須。パネルを抱える場合は、その募集や管理の仕方も質に大きく影響する。

②個人情報保護対応力

・①とも関連するが、調査協力者の個人情報を扱うので十分なケアが必要である。

③機密情報保護対応力

・調査データのみならず、調査票やテストサンプルなど会社の機密情報を扱うため、しっかりとした管理が必要。

④調査設計力

・課題をリサーチに落とし込み、調査票を作成する能力は調査の成否を左右する。

⑤データ入力の設備とスタミナ

・収集データが膨大になればなるほど、コンピュータ関連の設備や人的スタミナの確保も必要になる。また、データをクリーニングできる能力は質に影響する。

⑥データ解析の設備と能力

・⑤とも関連するが、様々な数学的解析に対応する設備が必要になるが、それ以上に解析視点を発見する能力が求められる、ある意味クリエイティブな力が必要。

図 4.6　調査実施能力について

外注することを決めた場合は、調査設計の段階から外注先にも検討を依頼した方が調査専門家の立場からのアドバイスも含めて設計できるので有効である。その場合は、単に手法の相談をするのではなく、マーケティング課題やリサーチ課題からきちんとオリエンテーションすることが重要になる。

　リサーチ担当者は、マーケティング課題→リサーチ課題→調査設計（対象者条件、対象者数、手法、測定項目）をリサーチ計画設計書としてまとめておく（図4.7）。この図でS・T・Pと書いたのは、それぞれ、Segmentation, Targeting, Positioning の略である。

　この後、アンケート票作成に入るが、これについては5章に譲る。

```
<○○企画：リサーチ計画・設計書>

①マーケティングプランの概要
　・市場・競合・自社　　・S・T・P
　・製品コンセプト案
②マーケティングの課題

　（ここまでは依頼者から情報収集して記載）
――――――――――――――――――――

③リサーチ課題

④リサーチ設計
　・調査ターゲット（対象者条件）
　・n数
　・調査手法
　・主な調査項目
　・意思決定の判断ポイントと基準
　・スケジュール
　・予算

　（リサーチ担当者と外注先調査機関で作成）
```

図4.7　リサーチ計画・設計書の要件

【プロセスⅣ】調査対象者の設定

次のプロセスに入る前に、調査対象者の設定に関して少し述べてみたい。基本的には調査対象者は当該企画におけるマーケティングターゲットと設定すべきであるが、企画の狙いに対して一段階広げたターゲット設定で調査することを検討したい（図 4.8）。

例えば、香りをフューチャーした柔軟剤の企画で、既存の銘柄からのチェンジを狙った企画であるとすると、素直に考えれば、調査対象者条件は、柔軟剤使用者かつ香りを重視する層となる。この時、柔軟剤使用者全体を調査ターゲットとすることで、香り非重視層に対して新企画がどの程度受容力を有しているかをチェックできるし、企画案の受容力を調査ターゲット全体の受容力とマーケティングターゲットでのそれと比較することで、企画案がターゲットに向けてどれだけフォーカスできているかを確認できるのである。更に言えば、現在柔軟剤非使用者でも調査できると新規顧客創造の可能性も確認できる。一段上の地平から眺めなければ、我々は自分の位置を客観的には確かめられないのである。

もちろん、これはコストが増大する事につながるため、調査コストと相談しながら現実的な判断をする必要がある。

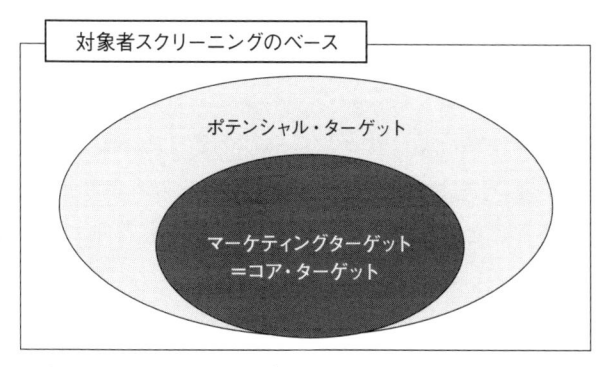

＊ポテンシャルターゲットまで広げて調査実施することを検討したい。
＊ただし、意思決定判断の基準は「コア・ターゲット」で見ていくことが必要。

図 4.8　調査ターゲットの設定

【プロセスⅤ】リサーチ計画＆設計ブリーフィング

　ここまで来れば、調査実行できる状態になっているが、この時点でぜひ実施したいのが依頼者とリサーチ担当者と関連メンバーでのリサーチ計画＆設計のブリーフィングである。これまで、検討してきた流れを整理した「リサーチ計画設計書」をリサーチ担当者がメンバーに説明し、確認を行うのである。

　この時のポイントを図4.9に整理した。ここで①②のポイントについては、リサーチ担当者はリサーチの限界についても十分説明を行い、リサーチで答えられるマーケティング課題の範囲について明確化する必要がある。また依頼側は、③④⑤のポイントについて明確化する。④の評価判断基準については、社内外のノーム値（基準値）がある場合は、それらを基準に設定することが望ましく、ノームを持たない場合は、両者の合意という形で調査を実行する前に判断基準を設定するべきである。

　また、それと同時に、調査結果がよかった場合は次のステップに進むことで問題ないが、結果が悪かった場合（評価基準をクリアできなかった場合）に、どのようなマーケティングステップを取るのかをこの時点で考えておく必要がある。

　企画推進している依頼者側は、ややもすると調査結果が思わしくないケースを想像すらしない場合も多く、その場合に結果が出てから判断に迷うという事が往々にして起こるのである。結果が出てから迷う位なら、リサーチしない位の覚悟でリサーチに臨むべきである。

　このブリーフィングミーティングに、当該プロジェクトの意思決定者を含めて実施することが望ましいことは言うまでもない。

① マーケティング課題の確認

・マーケティング課題があいまいであれば、調査はうまくいかない。リサーチ課題がしっかりマーケティング課題と対応しているかもしっかり確認する。

② リサーチ設計の確認

・リサーチ課題に対して、設計は正しく展開できているか？

③ 意思決定判断ポイントの確認

・意思決定を行う判断ポイントの確認。項目と聞き方についても十分な合意が必要。

④ 評価判断基準の設定

・特に③のポイントについては、Yes／Noの判断基準を実査前に明確化しておく。

⑤ 結果による次工程の確認

・評価判断による意思決定の内容を具体的に明確化しておく必要がある。特に、Noの場合の次工程について。

図4.9 リサーチブリーフィングのポイント

【プロセスⅥ】実査管理

　外注する場合は、実査部分は外注先の調査機関に任せることになるが、丸投げになってはいけない。実査においては、対象者の調査途中脱落であるとか、不十分な回答、あるいは低い回収率とか、様々な不測の事態が起こってくる。リサーチ担当者は調査機関と緊密に連絡を取り合って、不測の事態を最小限に抑える注意を払う必要がある。

　調査会社には実査に関する詳細のスケジュールを提出させ、それに沿ってチェックを行っていく。実査スタート時には対象者への配布の完了（ネット調査の場合は配信完了）を、回収日には回収状況（率）を確認する。また、次いでデータ・チェック（クリーニング）の状況についても確認が必要である。

　外注の場合は、集計分析も同時に依頼する事が多いと考えられ、基本的には実査前に想定した集計計画に基づいて進めていくが、場合によっては、想定外の結果が出て集計計画を変更追加しなければならない場合が発生する。そのような場合には、リサーチ担当者はリーダーシップを取って、新しい集計の考え方や方向を調査機関に指示して、臨機応援に対応していかなければならない。

【プロセスⅦ】リサーチ結果の報告

　調査結果がまとまり結論を得たら、リサーチ担当者は調査依頼者や関連メンバーに対して報告を行う。その場合、ブリーフィングの内容に沿って、つまりリサーチ課題に対する回答を通して、マーケティング課題に対する示唆を報告するのである。情報発信については、10章で詳しく論じるのでそちらへ譲ることとする。

COLUMN
コンセプトとは？

　コンセプトとは、開発しようとする製品やブランドのアイデアや考えを生活者視点で明文化したものである。開発とは無から有を創り出す仕事であり、企業における開発は企画・研究・調査・生産・営業・宣伝広告・財務等々多くの部門の協力で行われる業務であることから、コンセプト作りから開発がスタートする事が多い。つまり、コンセプトは開発の指針や道標となる重要なものである。また、調査においても企画の受容性を測定する際に活用されるものであり、企画のポイントが正しくターゲットに伝達できなければならない。調査コンセプトが曖昧であると、ターゲットがコンセプトを過大評価したり過小評価したりして、間違った結果を導いてしまうリスクが発生する。

　コンセプトは通常、3つの要素で構成される。ベネフィットとRTB（Reason to Believe）とカテゴリーである。「本製品は、〇〇の技術／アイデアによって（RTB）、□□の効果効能や利便性を得られる（ベネフィット）、△△（カテゴリー）である」という構造で表現される。

　コンセプトで最も重要なものはベネフィットであり、ターゲットとする生活者が本当に必要と思うベネフィットを創造できているか否かによって、開発の成否が決まると言っても過言ではない。マーケティングの教科書で言うところの、「お客様はドリルが欲しいのではなく、（ドリルによって得られる）穴が欲しいのである」という生活者視点のベネフィットを開発する必要がある。

　昨今では未充足のニーズは潜在化している事が多く、単にベネフィットやRTBを提示しただけではターゲットの関心を呼び起こしたり自分ごと化する事ができない。そこで、生活者の関心を惹起したり、自分ごと化させたりするための"気付き"や"共感"情報を加える等の工夫が必要となっている。

　コンセプト＝①気付き・共感情報＋②RTB情報＋③ベネフィット＋④カテゴリー

　さらに、コンセプト調査を実施する場合に、文章によるコンセプト提示に加え、絵やイラストで情報を補完することも多くなっている。ネット調査の普及によって、このような工夫が比較的容易に可能となってきたのである。これによって、調査対象者に、より具体的にコンセプトを伝達でき、より正確な反応を得ることができる。

　このようにコンセプトは、開発の設計書の基本となり、社内の開発陣を束ねてブレのない開発を進めるよすが・指針となり、また、調査においては、未だ形になっていない製品やブランドのアイデアをターゲットに伝達して反応を得る刺激素材の役割をも担うものである。

【リサーチプロセスのまとめ】

以上、リサーチプロセスをまとめると図4.10のようになる。この中で最も重要と考える部分は、最初の課題の定義の部分である。マーケティング課題を定義し、リサーチ課題へ正しくブレークダウンできれば、調査の8割方は成功すると考えていいと筆者は考える。逆に言えば、調査の失敗の原因の大半は、最初の問題設定にあると考えてよい。

さらに、リサーチを成功させるポイントとして挙げるとすれば、ブリーフィングである。マーケティング課題の定義、リサーチ課題への翻訳を依頼者とリサーチ担当者で確認することで、ポストサーベイ・リグレット（調査後の後悔）を大きく低減できるだろう。また、ブリーフィングを実施することは、調査結果のシミュレーションをすることに他ならず、情報の利用について依頼者（情報活用者）が事前に考える機会を得ることにもつながる。

これまで、1つのマーケティングリサーチ案件についてそのプロセスの進め方について論じてきたが、マーケティングリサーチは、マーケティングの中に組み込まれるものであり、リサーチはそれなりに費用がかかる投資である。その意味で、リサーチ担当者もマーケティング全体を進める中でリサーチをどう活用していくかを考える視点が必要である。

マーケティングプロジェクトマネジメントとしてリサーチをどうすべきかについて、マーケターとリサーチ担当者は常に意見交換をしておくことが重要となる。細かな疑問まで全てに対応してリサーチをやっていたのでは、プロジェクトは破綻する。そのプロジェクトの成功のために、どこでどのリサーチをやるのがいいのか優先順位をつけることも、リサーチ担当者の大きな役割である。

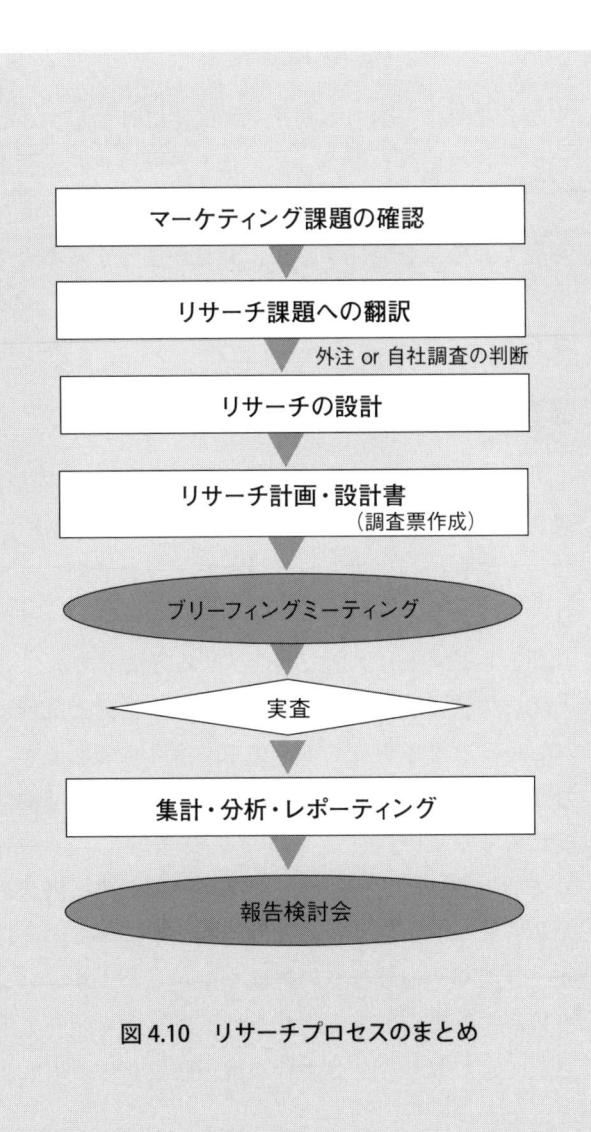

```
マーケティング課題の確認
        ↓
リサーチ課題への翻訳
        ↓ 外注 or 自社調査の判断
リサーチの設計
        ↓
リサーチ計画・設計書
      （調査票作成）
        ↓
ブリーフィングミーティング
        ↓
      実査
        ↓
集計・分析・レポーティング
        ↓
    報告検討会
```

図 4.10　リサーチプロセスのまとめ

4.4　リサーチ機能の組織化

　これまでは、個別のリサーチ案件に対するプロセス＆マネジメントについて述べてきたが、ここでは、リサーチを定常的に企業で実施することになった場合の、社内での組織化について考えてみたい。リサーチは単発でも効果を発揮するが、知見が蓄積することで経験知となる手法であるから、その機能を社内にしっかりと定着させる事を考えるのは重要である。

■■■ リサーチ機能をどうビルトインするか？

　リサーチ機能を社内機能にビルトインする方法は大分して2つあると考える。①ブランドマネージャーやプロダクトマネージャーといったマーケターの側に置き、マーケティング活動のライン上の機能とする方法と、②開発やマーケティングとは切り離し、リサーチ機能を独立した部門としてマトリクスで機能させる方法である。

　①の方法の利点は、マーケティング活動と直列にリサーチを実施できスピードとダイナミズムを追求できる点であるが、マーケター毎に勝手な手法を選択したり、どうしても我田引水な結論に結び付けてしまう傾向に陥りやすい。

　②の方法は、マーケターがリサーチ部門に調査を依頼する形式となるためスピードが遅くなる傾向になるが、多くの分野の調査の知見の蓄積ができたり、他分野での経験を生かしたより高いレベルのリサーチ環境を構築する事ができる。昨今は、新しいリサーチ手法もどんどん生み出されてきており、そのような情報収集をする事もやりやすい環境であると言える。

■■■ リサーチャーの人材育成について

　(p.50 コラム参照)。

＜ライオン㈱の事例＞

　筆者が所属するライオン株式会社では、独立した部門（生活者行動研究所）を組織化して、リサーチを実施している。図 4.11 の概念図に示すような組織の下、事業部門のブランドマーケターや研究開発部門の研究員とともにリサーチを実施している。当社では、1977 年に社内に独立した調査部門、調査室として設立し、調査部〜市場情報部〜生活者行動研究所と名称を変えながら現在に至っている。30 年強にわたり調査を続けることで時系列データを活用した予測モデルを構築したり、過去のデータの蓄積からノーム値を設定したりと、リサーチ機能のインテリジェンス化を図っている。

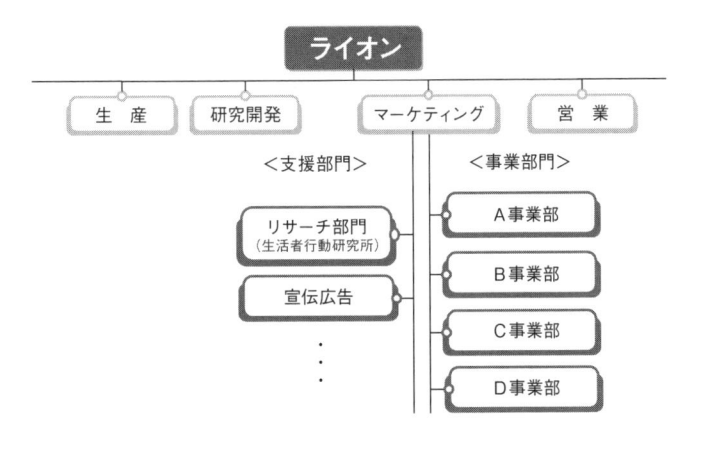

図 4.11　ライオン㈱のリサーチ部門

4.5　リサーチ手法の選択

　ここで、最近の調査環境下において、リサーチ担当者が直面する疑問に対して答えたいと思う。

Question 1

> ネット調査を使う時に考慮すべき点は何か？

　住民基本台帳を使った無作為抽出による調査が不可能になっている現状、さらには昼間の在宅率の低下やマンションのセキュリティ強化等、生活者を対象とした調査環境が大きく変わっている中、リサーチ担当者としてはインターネット調査を使っていかざるを得ない状況に置かれていると考える。インターネットの普及は79％を超えてきている（総務省「2011年通信利用動向調査」より）中、インターネット調査に参加する生活者はコンピューターオタクのような少し偏った属性タイプであるといった傾向は少なくなってきていると考えられる。とは言え、インターネット調査を活用する場合に留意すべき点を少し述べてみたい。

①調査対象者パネルの質の確認

　インターネット調査は、調査実施案内をホームページ上などに掲載し自由に応募してもらうオープン型の調査と調査会社が事前に調査協力者を集めパネルとして確保し、その中から調査ターゲットに合わせて抽出するクローズ型のやり方がある。オープン型を使う場合は、どんな人が調査に協力してくれるか全く分からないリスクがあり、最近では調査パネルを活用したクローズ型の調査が中心になっているようである。この調査パネルについても、調査会社各社によって募集形式が異なり質的な差があるので、各社のパネルについては十分に情報を得た上で活用の判断をする必要がある。マーケティングリサーチ協力を前提に募集したパ

ネルを構築している会社もあれば、ネット通販やネットでのキャンペーン応募者など様々な形でアクセスした人々を対象にパネルを構築しているところもある。一概にどれがいいとは言えないが、調査パネル自体の質に違いがあると思われるので注意が必要である。

②調査回答傾向の確認

　当然であるが、紙ベースのアンケート用紙に答える場合とパソコンの画面上で答える場合とでは回答の傾向が少しズレる場合があり注意が必要である。ただ、これはインターネット調査に限ったことではなく、従来型の調査であっても、電話調査と訪問面接調査、訪問留置調査、郵送調査とでは、同じ質問、例えば"○○という商品を知っていますか？"という問に対する反応も異なってくる。音声に対する反応と紙の文字情報、画面の文字情報、写真提示に対する反応など、刺激の与え方によって変わってくる。つまり、定点で観測するような場合は、手法については常に同じ方法で測定することが肝要である。

③インターネット調査の利点

　インターネットを使うことで、リサーチ担当者にとっては恩恵もある。ネット環境を使うので、時間的地理的制約がないことである。日本中、言語さえクリアできれば世界中でも同時に調査が可能になるし、調査票の配信や返信が速く、データ収集が短時間でできる、訪問調査のようにこちらから回収に行く必要がない。さらに、結果が最初からデジタル化されているので、データ入力や分析が行いやすい。コスト面でのメリットも大きい。また、ある質問でYESと回答した人だけが次の質問に答えるといった分岐型の質問では予め調査票をソフトで組む事が可能であり、それによって対象者側の負担軽減と誤回答の回避にもつながる。また、低コストと地理的制約がないことから、あまり浸透していないブランドや商品に対する調査も比較的容易に実施しやすくなる点は、リサーチ担当者にとっては大きな利点であると考える。

Question 2

グループ・インタビューはどう使えばいいのか？

　定性調査の代表的手法としてグループ・インタビューは位置付けられる。本章でも述べてきたが、定性調査は、機会発見や手応えといった段階における質的な確認をすることに向いた調査である。4～6名程度の対象者を集めて、相互作用的に会話をさせながら、対象者の反応を観察することで発見や手応えを確認していく。予めインタビューフローを用意するが、メンバーの反応や流れによって、聞くことや刺激を少し変える事も可能である点が量的調査と比較した最大の利点であると考える。さらに、ある人の意見で刺激されて潜在的な意見や感想が引き出されていく（グループダイナミクス）ことも期待される手法である。

　ただし、だからこそ、モデレーター（司会進行者）の力量に結果が大きく左右されるのもこの手法の特徴である。特に日本人は遠慮深くてなかなか自分の意見を主張しないと言われる。そういった人々の本音を引き出すためには高い技量が必要なのである。モデレーターは、メンバー全体に注意を払い、対象者が自発的に参加する"場"を作る力が求められる。リサーチ担当者としては、良いモデレーターを見つけるのも重要な仕事になってくる。

　定性調査は、単に対象者の発言だけがデータではなく、顔色や声のトーンや振る舞いといった全ての行動がデータとなる調査である。

Question 3

FAX調査や郵送調査はなくなるのか？

　昼間の在宅率の低下やプライバシー重視傾向からFAX調査や郵送調査は回収率が低下しており、使用率も低下している傾向である。趨勢としては、インターネット調査に多くはとって変わられると考える。ただし、

例えば、ハガキを使って生活の中のエピソードを手書きしてもらうことで生活の中の気持ちの機微を捉えるといった試みをしている調査も登場している。調査の手法というか媒体の特性を生かせば、新しい使い方も十分可能かもしれない。

Question 4

観察法（エスノグラフィー）をどう使うか？

最近の調査の一つの潮流として、家庭訪問や買物同行による行動観察や機器を使った観察測定（例えば、アイトラッキング測定、脳波測定など）といった"観察法"という新しい取り組みが盛んに行われてきている。とは言え、まだまだ試行段階であり、定着しているとは言えない状況であり、ここでは意見を述べるに留めたい。

これらの新しいリサーチ手法は、「非言語型：対象者の言語に頼らない測定であること」「非刺激型：生活の行動をそのまま測定すること」といった狙いがあり、従来の対象者に答えてもらうという調査手法とはパラダイムを異にする点が大きな特徴であると認識する。ただ、現在の観察法は、非言語型である点はそこそこ達成していると言えるが、非刺激型という点では、訪問や同行する時点で気持ちに変化が生じているだろうし、機器を装着することで大きな刺激を受けていると想像され、まだまだ課題が多いと考える。

もちろん、非言語型調査である点については、人は嘘をつく生き物であると言われ、自分の行動を無意識に正当化しようとする事で、非言語型測定は新しい視点をもたらす可能性は大いにあると期待する。ただし、結果の解釈と判断が言語で行われる事を考えると、分析者の高い力量が要求される手法である事を留意して実行すべきである。

五條雅史

第5章
アンケート票の作成

POINT

- アンケート票は調査企画者と調査対象者をつなぐコミュニケーション・ツールである

  調査対象者が理解できないアンケートには意味がない

- 顧客の声を謙虚に聞く姿勢が大事だ
- 人間の回答能力を考慮して質問のボリュームを抑えること
- データをとってから途方にくれないように、

  予め分析方法とレポートの見通しをたててから必要な質問を考えること
- アンケートの作成は容易な仕事ではなく、専門性と熟練を要する

調査データを集めたものの「何もわからなかった」「どう分析すればよいかわからない」という反省を聞くことがある。アンケート票作成にあたっては調査の目的に適した質問項目かどうかを十分に検討し、適切な質問文と回答方式を選ぶ必要がある。本章では効果的なアンケート票の作り方について考えよう。

5.1 アンケート票作成時の心構え

■■■ アンケート票の役割

調査において回答者に向けるすべての質問と回答形式を網羅したものがアンケート票*である。

面接調査や電話調査では、調査員がアンケート票に書き込まれた質問と回答形式にそって聴き取りを行う。留置き調査、郵送調査やネット調査などでは、回答者はアンケート票に自分で回答することになる。したがって、アンケート票は、調査の目的を果たすために回答者と調査企画者をつなぐ重要なコミュニケーション・ツールなのである。

また、会社名などの調査主体を提示して調査する場合は、回答者は、企業を意識して回答することになるので、顧客と企業のコミュニケーションの一環であるとも意識される。このことを忘れると企業側の高邁さが目立つものになりやすい。ある生保会社の「顧客満足アンケート」の挨拶文の中に、『〜日までにご提出ください』とあるのを見て驚いたことがあった。

■■■ 商品・サービス提供側（調査主体）の開示、非開示によるスタンスの違い

表5.1に開示、非開示の違いを比較した。商品やサービスの利用後に、その評価や満足度を測定する場合は調査主体を開示して調査することが多い。ただし、企業名などの調査主体を開示した場合は、回答に偏り（バ

---

*アンケート票
よく調査の初心者はアンケート表という用語を使うが、これは完全な誤りである。「表」ではなくて「票」である。専門用語としては調査票とか質問紙と呼ぶのが正式である。

表 5.1　調査主体の開示・非開示の違い

分類	調査の種類	主な特徴、内容	調査手法例
企業名などでのアンケート（調査主体開示）	来店者アンケート 商品アンケート 満足度調査など	・商品・サービスの利用者に実施 ・謝辞、利用評価から始まる質問内容 ・回答負担を極力軽減した質問量	葉書、郵送アンケート 面接調査 同梱アンケート
第三者名でのアンケート（調査主体非開示）	ユーザー調査 購入者調査など	・随時、対象者を抽出して実施 ・調査課題に即した質問内容 ・負担すぎない程度の質問量	各種調査手法

イアス）が生じるというマイナス面もある。商品・サービスの開発を目的にした調査では、こうした回答の偏りを避け、より客観的な情報を得るために、調査主体を隠して第三者名でアンケートするのが普通である。

調査担当者は、顧客に対して調査主体を開示するか、第三者名で調査するかというスタンスによって、アンケート票の表現や質問内容、質問の流れ、質問量に違いが出てくることを理解した上でどうするかを判断すべきである。

① **調査主体を開示した場合**

この場合は、回答者は商品やサービスの提供者が実施したアンケートであることを了解して協力することになる。調査対象者は商品購入者やサービスの利用者なのであるから、感謝とていねいな内容、および適度な質問量にすることを心がけたい。商品に付帯した葉書アンケートや来店者アンケート、顧客名簿を利用した顧客満足調査などがこれにあたる。

② **調査主体を開示しない場合**

マーケットにおける公平で客観的な情報を得ることが目的ならば、調査主体や具体的な調査課題はあえて開示しない方がよい。そして調査主体がどこであるかを対象者に推察されないように質問文や回答方法を工夫しなければならない。

5.2 調査手法と質問項目の決め方

■■■ アンケート票作成のプロセス

アンケート票作成のプロセスは、下記のようになる。以下、この流れに沿って解説する。

◆アンケート票作成のプロセス◆

1. 企画目的の確認	→必要な情報の整理
2. 質問項目の選定、整理	→必要情報と質問項目の整理
3. 質問文の作成	→ワーディング、質問順序の確認
4. 回答方法、形式の決定	→情報の活かし方の確認
5. アンケート票のブラッシュアップ	→質問・回答と必要情報の再確認、質問量の確認

1) 必要な情報の整理

調査目的が「現状の事実」(『購買実態の把握』『市場評価の把握』など)の場合は、その「事実」をどこまで精緻に捉えるか、「事実に至る背景」をどこまで捉えるかによって、必要な情報の範囲が決まる。また、「今後の意識・態度の把握」(『商品コンセプト評価』『商品開発のヒント探索』など) や特定課題が目的の場合は、評価や課題をどこまで詳細に捉えるか、対象者の「意識・態度」をどこまで掘り下げるかによって、必要情報の範囲も決まる。背景的情報を捉える際に、人の行動プロセスに当てはめてみることは、見落としをなくす有効な手段となり得る。

■■■ 知識〜態度プロセス

　人の行動を「知識〜行動〜態度」というプロセスで整理したものを図5.1に示した。過去の事実としての知識と経験、現時点の行動とその動機および意識、今後の態度に分解すると整理しやすい。また、「人」そのものを捉えるための背景要因（消費者属性や経済面、地域性など）と、「行動」発生の有無を制約する基本要因は、別な視点で再点検すると情報の見落としのリスクを避けられる。

　たとえば20代女性に「簡易調理食材の受容性」を聞いた際、「利用したい」が60％を超えたことがあったが、追跡調査で「どのような料理に使うのか」を確認したところ「自分は料理しない」がその6割を超えていた。これは「料理の有無」という基本的な制約条件を聴きおとし、「女性なら料理を行う」という思い込みによる失敗であった。

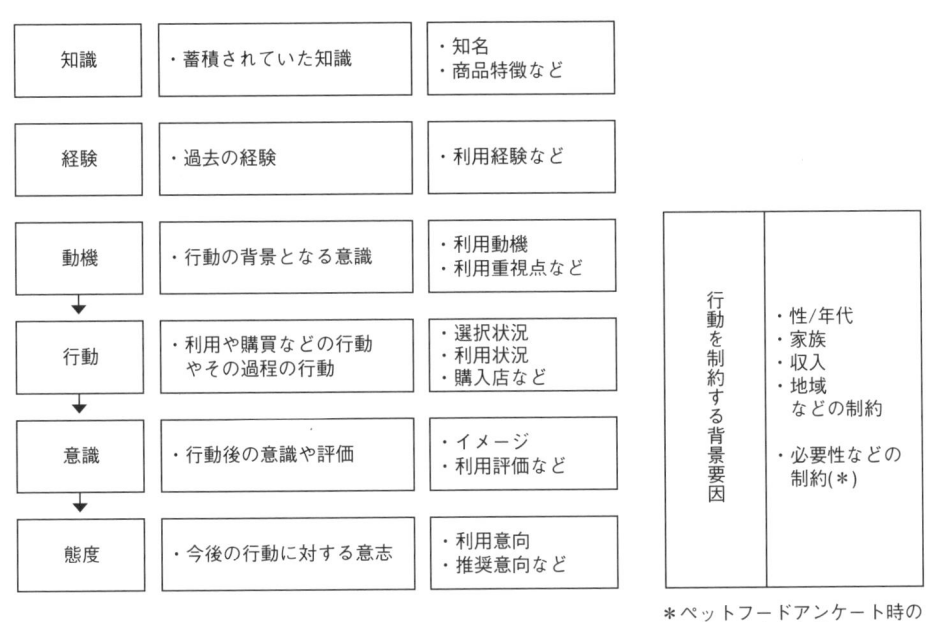

知識	・蓄積されていた知識	・知名 ・商品特徴 など
経験	・過去の経験	・利用経験 など
動機	・行動の背景となる意識	・利用動機 ・利用重視点 など
↓行動	・利用や購買などの行動やその過程の行動	・選択状況 ・利用状況 ・購入店 など
↓意識	・行動後の意識や評価	・イメージ ・利用評価 など
↓態度	・今後の行動に対する意志	・利用意向 ・推奨意向 など

行動を制約する背景要因
・性/年代
・家族
・収入
・地域
　などの制約

・必要性などの制約(*)

*ペットフードアンケート時のペットの有無など

図5.1　知識〜態度プロセス

■■■ 詳細に聞くべき必要情報の決め方

　必要な情報を全て詳細に捉えようとすると膨大な質問量になる。現在の事実や意識、または近い過去については答えやすいが、昔の知識や利用動機になると「覚えている範囲以内」という制約がかかる。また、質問量が多くなると後半の回答は投げやりになりやすい。調査課題が明確な場合は、その課題に最も直結した情報から質問を開始する。そして付加的な情報は最低限にとどめるように心がけたい。

■■■ 調査手法によるアンケート票作成時の留意点

　調査手法が決まっている場合は、その制約を意識して必要情報の優先度を決めることになる（表5.2）。同梱はがきアンケートなど質問量に制限のある場合は、文字を小さくしたり、回答だけを記入するなどの工夫をすることが多いが、記入しづらさからくる協力率の低下を招きやすいので適正量にとどめたい。

　またネット調査の場合は、他の調査手法と違い全体の質問量がわからずに回答を始めるという特徴がある。「早く終わらせたい」という意識もあって、回答時間が20～30分を超えたあたりから回答スピードが上がり、矛盾した回答が増えることがある。重要な質問を先に済ますことも検討しておきたい。

2) 質問項目の選定

　必要な情報を得るために、対象、時期、分類などの詳細情報に分解したものが質問項目であり、それを文章化すると質問文となるものである。この段階で、できる限り詳細に項目選定を行っておくと質問文の作成が容易になる。

表 5.2　調査方法によるアンケート票作成時の留意点

調査方法	回答方法	質問量	複雑な質問	提示物を見ながら順次回答	その他の作成時の特徴
面接調査	聴き取り	やや多い	可	可	調査提示物を全て回収できる アンケート票は簡便でも可（調査員補完）
葉書アンケート	自記入式	少ない	不可	不可	個人情報に関する回答は工夫が必要
郵送調査	自記入式	やや多い	不可	不可	体裁や質問文、回答方法など、回答者視点での十分な検討が必要
留置調査	自記入式	多い	可	不可	郵送調査と同じだが、回収時に調査員の確認が可能
ネット調査	自記入式	多い	可	可	郵送調査と同じだが、不備な場合の追加調査が容易
会場集合調査	自記入式 聴き取り	多い	可	可	調査提示物を全て回収できる アンケート票は簡便でも可（調査員補完）

■■■ アンケート票の基本構成

アンケート票には、質問本体部分の前に、協力依頼部分（表紙など）と協力謝辞部分（お礼など）がある。

◆ **最初に（表紙や依頼部分）**

①調査タイトル　（「○○に関するアンケート」など）

②挨拶・依頼　　（時候の挨拶、調査主体、調査主旨、協力のお願い）

③情報の扱い　　（回答の処理や個人情報の管理など）

◆ **質問本体（必要情報の質問部分）**

④質問本体

⑤回答者属性　　（デモグラフィック項目やプライバシーに関わる質問）

◆ **最後（協力謝辞部分）**

⑥お礼・謝礼説明（協力の謝辞および謝礼がある場合は説明）

■■■ 表紙作成の注意事項

アンケート票の表紙では、どのような内容の調査であるかを説明し、協力への了解を得ることになる。回答者との信頼関係（ラポール）を築き、快くかつ安心して協力してもらうために表紙には十分な配慮が必要である。図5.2に具体例を示した。

タイトルや調査主旨で、調査目的をそのまま提示しているケースを見かけるが、表現によっては回答結果に影響する可能性がある。これを**コンテクスト効果**＊（context effect）と呼ぶ。例えば、「健康と喫煙に関するお伺い」というタイトルにすると、回答者は健康を意識しながら喫煙状況や態度を答えやすい。回答者にとっては、どのような分野のことを聞かれているかが分かれば十分なので、「趣味・嗜好品に関するお伺い」とした方が「健康を阻害する」というコンテクスト効果が軽減できる。

コンテクスト効果
社会心理学ではフレーミング（flaming）という。

暮らし向きに関するアンケート

このたびは「暮らし向きに関するアンケート」にご協力くださいまして誠に有難うございます。

このアンケートは、消費者の皆様がどのような生活を望んでいるかを明らかにするために、首都圏にお住まいの18才～74才の方々3000人を対象に、1982年から毎年行なっているものです。
いただきましたご回答はすべて統計データ作成のために使わせていただきますので、ご迷惑をおかけすることはございません。
沢山の質問があり、お手数をおかけいたしますが、どうか最後までもれなくご記入くださいますよう、お願い申しあげます。

◎ このアンケートは ＿＿＿＿＿＿＿＿＿＿様 だけに回答していただくものです。

◎ お忙しいところ恐れ入りますが、＿月＿日の＿時ごろ 頂きに参りますので、
　それまでにご記入下さい。

◎ 質問の内容や回答方法などについて質問がございましたら、お伺いしたインタビュアー
　または下記担当者までご連絡くださいますようお願いいたします。

◎ 個人情報保護の観点から、お名前ご住所などは調査票上にではなく、別紙に記載させて
　頂いております。

2010年10月　　　　株式会社　リサーチ・アンド・ディベロプメント　（　R&D　）

　　　　　　　　(社)日本マーケティングリサーチ協会会員　　会員NO. 20013
　　　　　　　　〒103-0013　東京都中央区日本橋人形町1-4-10　人形町センタービル
　　　　　　　　　　TEL：03-5642-7721　　　　　　担当：
　　　　　　　　　　ホームページ:http://www.rad.co.jp/

　　　　　　　　　　　　　　インタビュアー（　　　　　）

12390005(06)
JISQ15001:2006準拠

＜調査員記入＞ Serial No. ☐　　カード 01

エリアコード ☐☐☐☐☐　カタカナ ☐

CEL	男性	女性
18-24	1	7
25-29	2	8
30-39	3	9
40-49	4	10
50-59	5	11
60-69	6	12
70-74	13	14

1. 同　　2. 単

1. 既　　2. 未

年齢 ☐☐

図 5.2　留置き調査票の表紙見本

5.2　調査手法と質問項目の決め方

■■■ 質問項目の選定方法

　図 5.3 は、商品 A の購入選択要因を探る場合の展開例であるが、「購入行動の実態」「購入に至るいきさつ」「購入後の評価」「今後どうするか」を整理した上で、背景として「商品知識」「過去の経験」と展開し、最後に購入者の分類に必要な背景要因の項目設定となっている[*]。背景要因はフエイスシートとも呼ばれる。フエイスシートの例を図 5.4 に示す。

　図 5.3 はユーザー調査の場合であって、商品開発に向けたヒントを探るような場合は、知識からスタートするほうが、直近の購入行動や保有商品にとらわれない回答を得やすい。

< 必要情報 >		< 質問項目 >
行動	購入の実態は	商品Aの購入時期、購入店、購入者、比較商品、選定理由など
動機	購入にいたるいきさつは	検討時期、情報媒体、重視点など
意識	商品Aの評価は	商品全体評価、満足度、商品詳細評価、イメージなど
態度	今後の意識・態度は	次回選択意向、推奨意向など
知識	商品Aおよび競合商品の知識は	知名商品など
経験	購入前の経験	購入経験、保有商品など
背景要因	対象者分類は	

※情報媒体との接触状況は「いきさつ」で捉えるが、CM等を提示しての評価は、提示物効果があるため後半に設定

図5.3　必要情報と質問項目の展開（「商品 A の購入者アンケート」例）

ここからは全員の方におうかがいします

あなたご自身のことについておうかがいします

(1)～(4) Dup 20 (5)(6)

なおこれらの質問は回答を分類してみるためのもので、お答えはすべてパーセントで処理しますので、個人的にご迷惑をおかけするようなことはございません。

質問1. あなたは ----- 1. 男性　2. 女性　(7)　おとしは ----- 満 □ 才 (8)(9)

　　　ご結婚は ----- 1. 未婚　2. 既婚(配偶者あり)　3. 既婚(離別)　4. 既婚(死別)　(10)

質問2. あなたの<u>最終学歴</u>は。（1つだけ）

1. 中学(旧小学校)卒業
2. 高校(旧中・高女・実業学校)卒業
3. 短大・高専(旧高校・師範)卒業
4. 大学・大学院卒業
5. 高校在学中
6. 短大在学中
7. 大学・大学院在学中
8. 専門学校在学中
9. 大学浪人、予備校在学中

(11)

【学校を卒業された方におうかがいします。在学中の方（質問2.で「5.」～「9.」の方）は質問6.へ】
質問3. あなたは<u>収入(給与など)</u>をともなう仕事をしていますか。（交通費など実費のみの支給は除きます）

1. 仕事で収入を得ている　　　2. 収入をともなう仕事はしていない　→質問6.へ　(12)

【仕事で収入を得ている方に】
質問4. どのようなお仕事ですか(複数のお仕事をお持ちの方は主なもの1つだけを選んでください)（1つだけ）

1. 企業経営者
2. 民間企業勤め人
3. 公務員
4. パート・アルバイト
5. 派遣会社に登録している
6. 会社の顧問や嘱託
7. 各種団体の役員・職員
8. 自由業(医師、弁護士、会計士、大学教授など)
9. 自営業を営んでいる
10. 不動産経営をしている
11. 自宅で個人教授をしている
12. 家業を手伝って給与を得ている
13. 在宅で仕事を請け負い
14. その他(具体的に：　　　　)

(13)
(14)

質問5.【民間企業勤め人、公務員、パート・アルバイトの方に】お仕事の内容は。（1つだけ）

1. 管理職(部門長、所長、店長など)
2. 事務職(小・中・高校教師含む)
3. 専門・技術職
   （研究開発、エンジニア、デザイナーなど）
4. 販売・サービス職
   （販売員、セールスマン、ホテルマンなど）
5. 技能・工務・作業職(職人、工員、保安、配送など)
6. その他(具体的に：　　　　)

(15)

質問6.【全員の方に】あなたは<u>収入をともなわない</u>仕事をしていますか。

1. ボランティアで働いている(交通費等の実費支給を含む)
2. 専業主婦・主夫として家事・育児に従事している
3. 無給で家業を手伝っている
4. その他の仕事をしている
   （具体的に：　　　　）
5. 収入をともなわない仕事はしていない

(16)

質問7. あなた個人の年間税込み収入は。（年金や仕送りも含めてお答えください）

1. 99万円以下
2. 100～149万円
3. 150～199万円
4. 200～249万円
5. 250～299万円
6. 300～349万円
7. 350～399万円
8. 400～499万円
9. 500～599万円
10. 600～799万円
11. 800～999万円
12. 1,000～1,199万円
13. 1,200～1,499万円
14. 1,500～1,999万円
15. 2,000～2,999万円
16. 3,000万円以上
17. 個人の収入はない

(17)
(18)

質問8. あなたの1ヵ月のこづかいは平均すると。

1. 4千円以下
2. 5千～9千円
3. 1万～1万4千円
4. 1万5千～1万9千円
5. 2万円台
6. 3万円台
7. 4万円台
8. 5万円台
9. 6万円台
10. 7万～9万9千円
11. 10万円以上
12. こづかいはない

(19)
(20)

図5.4　フエイスシートの例

5.2　調査手法と質問項目の決め方　　87

5.3 質問文と回答形式

質問文は、「質問の意味が分かる」「素直に答えられる」「回答の仕方が分かる」ような表現が求められる。また、回答者は質問に対して素直に反応しがちなので、回答形式や選択肢は、「答えやすく漏れのない」ことが重要である。

1) 質問文

■■■ 回答者にとって「わかりやすい」質問文とは

知識、経験、過去の意識などは「事実」に関する質問であり、「知っていたか」「利用したことがあるか」「検討したことがあるか」など過去の事実に対する質問文としなければならない。評価や意識、態度は、「よいと思うか」「感じるか」「検討したいと思うか」など、今の意識・態度として聞く必要がある。

回答者からみると、「何時」「誰が」「どこで」「何を」「どの程度」「どうした」ことを聞いているかが明確だと答えやすい。質問文は、この5W1Hの一部に視点を置いたものとなっているはずである（例：『あなたは、この1年間に、ご家庭で商品Aを何回くらいご利用されましたか』（「どの程度」を聞く質問）。ただし、前の質問からの流れで自明な5W1Hを繰り返すと、回答者からは「煩わしい」と取られることもあるので、省略して簡潔にする工夫も必要である。

■■■ 回答者が「答えにくい」質問文とは

①あいまいな質問

5W1Hが不明確な質問や定義のはっきりしない質問は、回答者が混乱することになり、よくない。

> **質問例**
>
> 「この1年以内にDVDを購入しましたか」
> 　　……「誰が」が抜けている。
> 　　　　DVDはメディアなのか機器本体なのかが不明。
>
> 「あなたがご利用している美容院に、どの程度、満足していますか」
> 　　……「ふだん」「最近」などの「いつか」が抜けている。
> 　　　　複数の美容院を利用していたらどう答えればよいのか？
>
> 「あなたが最近利用したこの鎮痛剤は、胃をあらさずによく効くと思いますか」
> 　　……「胃をあらさない」ことと「よく効く」ことの二重質問*となっている。質問文に複数の問いかけ（二重質問）があると、回答者は「何について答えるか」について困ることになる。

*二重質問
ダブルバーレル質問（double-barreled question）とも呼ぶ。

②回答者に調査者と同じ知識があることを前提にした質問

　これも困る。調査者にとっては当たり前の業界用語も、一般の消費者には難しい質問となるケースが多いからだ。

> **質問例**
>
> 「お宅で、この1カ月に購入した第3のビールの銘柄を、自由にご記入ください。」
> 　　……「第3のビール」という表現には、説明文を付加しなければならない。
>
> 「あなたは、新幹線を使ったECO出張について、どの程度賛成ですか。」
> 　　……「ECO出張」の理解がなければ答えられないため、説明文を付加した質問にしなければならない。

③ バイアスのかかる質問文

　直前の質問で、「新幹線なので CO_2 排出量削減効果がある」という社会通念（タテマエ）を記述したとしよう。社会通念に反対ではないが、個人としては「時間を優先して航空機を使う（ホンネ）」という態度との葛藤を招くことがある。一般的な意見レベルでの「賛成／反対」と態度レベルの「利用する／しない」は明確に区別すること。

④ 回答を誘導する質問文

　回答者は、「否定すること」にストレスを感じやすい（yes-tendency「はい」と答えやすい傾向）ので、賛否両面の問いかけをすべきである。「〜をご存知ですか」「〜に賛成ですか」「〜を購入検討してみたいか」という質問への回答選択肢が「はい」「いいえ」ばかりの場合は、「はい」と答えやすい。

⑤ 後に来る質問は、前にある質問の影響を受ける（順序効果）

　どのような質問でも、前にある質問で提供された情報（知識）を前提として回答されることを理解して質問文を検討しなければならない。「商品知名」の直後に「検討商品」を質問した場合、「検討商品」数が増える場合がある。これは「知っている商品は検討したかもしれない」という意識が混入するためである。この場合は「検討度合い」を追加することで、より明確な回答を得ることができる。

＊質問の順序効果について＊

　「商品購入者アンケート」や「満足度調査」などで、商品やサービスの全体評価を優先してとらえたい場合は、総合評価（全体評価、総合満足度）や態度（次回購入意向、推奨意向）を先に質問し、個別項目別評価を後にする方が、総合評価が個別項目に左右されないので正確に測りやすい。また、個別項目が変わっても測定できる利点もある。

　個別評価を前にする場合は、個別項目の各々を確認し改善点を探るという診断型となり、総合評価は個別評価の影響を受けやすい。つまりとりあげた個別評価に総合評価が左右されるリスクがある。

　特定の課題解決を目的にする場合は、その課題に直結した項目をはじめに聞く方が、他の項目の影響を軽減できる。

2) 回答形式

■■■ いろいろな回答形式

　回答形式には、自由回答型とプリコード型、数値型と評定尺度など多くの回答形式がある。プリコード型は、回答しやすく負担感も少ないのでアンケートで最も多く用いられている。その反面、提示した選択肢による判断バイアスが起きやすいことや、選択肢の範囲内での回答に限られることには注意を要する。それぞれの回答形式の持つ特性、質問で聞きたいポイント（事実か程度かなど）、利用予定のデータ解析法、および年齢などの回答者の特殊性や負担軽減を考慮する必要がある。

　選択肢を用意したプリコード型はさらに単一回答（SA、single answer）、複数回答（MA、multiple answer）、および回答数を決める複数制限回答（LA、limited answer）に分けられる。

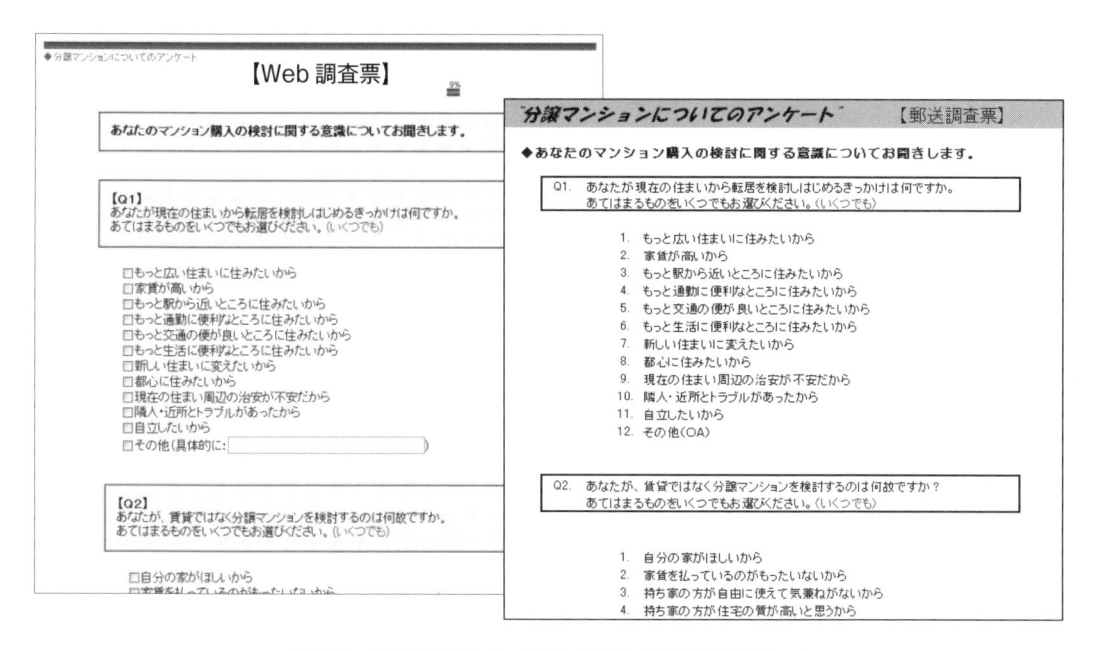

図 5.5　複数回答の例（Web 調査と郵送調査の違い）

5.3　質問文と回答形式

複数回答を求める質問例を図5.5に示す。Web調査と郵送調査は似ているが、Webではチェックボックスを入れ、郵送調査の場合は選択肢の番号に○を書き込むという形式になっている。

■■■ 回答形式の決定の仕方

回答形式は、どのように回答してほしいか、その回答をどのような情報として活かすかによって決まる。表5.3に沿って解説してみよう。

A）**自由回答**－意見や動機（理由）などを広く聴取したい

回答欄を用意した自由回答が基本となる。車の購入理由などでは、個々の理由を性能・機能面、車のデザイン面、経済性面、ステータス性など自由回答の方向性を分類することにも意味がある。事前に選択肢が自信をもってリストアップできない場合は、自由回答を選ぶほうがリスクは少ない。ただし、自由回答は回答者の負担が増え、情報の後処理が大きいことを考えると、上記の意図がない限り多用すべきではない。

B）**数量回答**－数量から需要量などを測りたい

過去の数量的事実は数量回答が基本となる。また、利用回数などで「（　）回くらい利用した」という回答形式も有効である。具体的数量では回答しにくい場合は、カテゴリーに区分して回答を得ることもできる。（年齢で「20～29歳」、「20代」や購入金額で「20,000円～29,900円」、2万円台）など）

カテゴリーに区分する場合は、「20～29歳」「30～39歳」のように数量の切れ目が発生しないような選択肢を用意したい。「以上」「以下」「まで」「未満」「～」などの表現は、同じアンケート票内では統一するほうが、回答者の誤解は少なくなる。

92　第5章　アンケート票の作成

表 5.3 主な回答形式

		自由回答型	プリコード型
自由回答		意見、態度などを自由に回答。主に文章として入力するが、後でコード処理をする場合もある	
数量回答		年齢や購入量などの数量を直接回答	数量を尺度化し、該当するコード回答。年代、年収など
単一回答	二項目選択型		はい／いいえ、賛成／反対、商品利用の有無などを回答
単一回答	尺度選択型		回答に順序がある場合。使用程度や態度、評価や意識程度などから択一選択 相対比較し当てはまる態度を決定するなど
単一回答	多項目択一選択型	最も最近購入した商品名などを、回答欄に1つだけ自由に回答（再生法）	複数の選択肢から最も当てはまるものを択一選択
複数回答	多項目自由選択型	購入商品名などを、回答欄を複数あげ自由に回答（再生法）	複数の選択肢から、当てはまるものを全て選択
複数回答	多項目制限選択型	購入商品名などを、回答欄の制限内で、自由に回答（再生法）	複数の選択肢から、回答数を制限して選択
複数回答	順位型／配点型	1番目、2番目という回答欄のみ用意し、自由に回答	選択肢から順位に合う回答を選択。 合計点（10点、100％など）を選択肢に配分してもらう（恒常和法）

C）二項目選択型－事実の有無や評価、明確な意志や態度を捉えたい

　事実の有無や評価、意志、態度などの判断を求めるような質問では単一回答がよい。

　経験の有無、利用の有無、個別意見に対する賛否、個別イメージの有無などは、2つの項目から選択する回答（二項目選択型）が選ばれる。

D）尺度選択型－評価、意志、態度などで二者択一できない

　評価、意志、態度などの質問で、明確に二者択一で答えられない場合は、評定尺度法（「非常に満足」「やや満足」など）が選択される。

　評定尺度には、中間程度（「どちらともいえない」など）を含めた5段階、7段階などの奇数段階の尺度が多く使われる。何段階が適当かは、過去の調査での度数分布から判断することが多いが、1段階当たりの平均回答者数（回答者数100人で5段階の場合は20人）でも検討できる。回答数が少なければ各段階の比率の大きさを判断するのが難しくなる。300人程度までは5段階程度までにとどめたい。日本人の気質として、「どちらともいえない」の回答が多くなる。だからといって中間の段階を除くと強制回答になりやすい。また、積率相関係数を計算したり重回帰分析を行う際は、間隔尺度のデータ（1,2,3,4,5という連続量）であることが前提になる。中間段階を除く4段階の場合は、(1,2,3,4) とすると、「ややそう思う」と「ややそう思わない」の差が1と短くなり、(1,2,4,5) とすると等間隔性が失われた尺度となるため、中間段階のある奇数尺度を採用するのがよいと考える。

　「男性向き／女性向き」（両極尺度）「高級である／高級でない」（単極尺度）という対峙する項目を判断する場合は、その概念を程度表現でとらえる方法（SD法、semantic differential の略）が使われる（p.96, 図5.7）。基本的には、対峙する概念を判別するものなので、可能ならば「高級である／低級である」という両極尺度のほうが明確である。

◆分譲マンションについてのアンケート

次のマンションに関する説明文（特長）をお読みになって、あなたはこの家に住んでみたいと思いますか。
最もあてはまるものをひとつだけ選んでください。（ひとつだけ）

「ライフステージにあわせて共に成長する家」生活環境の変化に合わせて間取りを変えたり、部屋数を増やしたりすることができる家です。

○ ぜひ住んでみたいと思う
○ 住んでみたいと思う
○ どちらともいえない
○ あまり住んでみたいとは思わない
○ 住んでみたいとは思わない

次へ >>

【Q13】
あなたの現在のお住まいについて、どの程度満足していますか。
それぞれ、あてはまるものを選んでください。
（それぞれひとつずつ）

	満足している	やや満足している	どちらともいえない	あまり満足していない	満足していない
周辺環境	○	○	○	○	○
立地	○	○	○	○	○
室内機能	○	○	○	○	○
共用部・共用施設	○	○	○	○	○
セキュリティ	○	○	○	○	○
サービス	○	○	○	○	○
イメージ	○	○	○	○	○

次へ >>

図 5.6　5段階の評定尺度の例

質問7. あなたはご自分の老後生活についてどのようなイメージをお持ちですか。
ア）〜オ）のそれぞれについて、左右の言葉を比べ、あてはまる番号に○をつけてください。

	左に近い	どちらかといえば左	どちらとも言えない	どちらかといえば右	右に近い	
ア）明るい	1	2	3	4	5	暗い
イ）幸福な	1	2	3	4	5	不幸な
ウ）豊かな	1	2	3	4	5	貧しい
エ）安心な	1	2	3	4	5	不安な
オ）楽しい	1	2	3	4	5	つまらない

図 5.7　SD 法のスケール

E）多項目択一選択型－複数の選択肢から 1 つを選ぶ

　購入意向のある商品など複数の選択肢が想定できる場合は、まず複数答えてもらってから、特に購入したい商品を 1 つだけ選んでもらうという 2 段階方式で質問するのが自然な流れといえる。

F）多項目自由選択型－記憶内容を明らかにする

　覚えている商品名を何も提示せずに自由に思い出してもらう回答を再生（recall）による回答、選択肢を提示したうえでその中から選ぶのが再認（recognition）による回答という。ローカルな用語として調査会社によっては再生のことを純粋想起、再認のことを助成想起ということもあるが、人間の記憶メカニズムを区別する専門用語としては再生、再認の用語が正しい。

G）多項目制限選択型－ 2 つ以上の回答が想定される場合

　複数回答が想定される場合は、複数の回答欄に自由に回答してもらうか、選択肢から複数選んでもらうかの選択となる。自由回答の場合は、印

象の強いものだけが回答されるため、予め選択肢をあげるプリコード型を選ぶことが多い。たくさん回答されるよりも、むしろ重要な購入動機などに絞りたい場合は、「3つまで」というような制限選択型を選ぶ。

H）**順位型 / 配点型**－複数回答に優先度をつけたい

選択肢に順位をつける**順位法**と合計点（合計10点、合計100％）を決めてそれを選択肢に配分してもらう**恒常和法**（constant sum method）がある。順位法も顧客アンケートでよく利用されている聞き方である。回答データは順序尺度ということになる。一方、恒常和法は回答者の心に占める割合を測定する方法なので、回答データは比率尺度で測られたものとみなしてよい。回答のさせかたは、次の分析段階で利用できる統計モデルを決定づけることになる。したがってデータをどう分析するかを考えずに、先に回答方式を決めてはならない。

また、複数選択肢を提示したうえで、無制限 MA → 制限 LA → SA という質問順にすることでも優先度が判断できる。競合商品などを判定する場合は、この回答のパターンを解明することも有効な手段となる。

■■■ 選択肢の作り方

プリコード型の回答の場合、選択肢の表現は重要な検討事項となる。質問文に対する回答を決定づけるのであるから簡潔で分かりやすい表現でなければならない。具体的には、選択肢を質問文に代入して回答文を作ってみると妥当な表現なのかが点検できる。

> **質問例**
>
> 「あなたは、商品Aのパッケージを見て、どのようにお感じになりましたか。あてはまるもの全てに○をおつけください。（MA）」
>
> 　　　選択肢　1. 若者向き
> 　　　　　　　2. 色使い

1を代入すると、「『若者向き』と感じた」となり、「よい」のか「よくない」のか判然としないので、「『若者向きでよい』と感じた」としたほうが明確な回答となる。

2を代入すると、「『色使い』を感じた」となり、どのように感じたのか分からない。『色使いが目立ってよい』など、具体的な表現を検討すべきである。

■■■ 無回答は「回答情報がない」という意味

回答欄が無回答の場合は、「わからない」か「答えたくない」または「たんなる読み飛ばし」なのかが判断できない。無回答の解釈は困難なので、できるだけ無回答を無くすような回答選択肢を用意すべきである。経験的には、20%を超える無回答には、質問文や選択肢の不備を疑った方が無難であろう。

選択肢の不備を補うためには、複数回答での「その他」「あてはまるものがない」や程度表現回答の「どちらともいえない」という選択肢を加えるべきである。

調査対象者が答えたい選択肢がないのに回答を強要すると強制選択（意志に反した回答）になりやすい。最近のネット調査では、無回答があったり回答数が条件どおりでないと質問が先に進まないように設計する場合が多い。確実に選択肢の不備を補う工夫をしておかないと、無理やり答えさせられた回答データが増えるので注意したい。

5.4　アンケート票のブラッシュアップ

　アンケート票の原案が出来たら、調査目的に照らして無駄な質問がないか、また回答形式と次のステップの分析法がマッチしているかを再点検すべきである。調査がスタートしてからでは修正することが困難だからだ。

　見直しのためには、実際に少人数でもいいから顧客にプリテストをすることが望ましい。質問紙作成者が顧客の視点に立ってアンケートが作成できれば、良いアンケート票が出来るはずである。しかし企業の人間が顧客の視点に立つことは実際には難しい。調査のプロフェッショナルが優れているのは、企業中心の視点だけでなく、顧客の心理を含めた多面的な視点からアンケート票をブラッシュアップできるからである。全くアンケート票を作ったことがなければ、専門の調査会社にアンケート票の作成を依頼するのも、一つのよい作戦である。次第に慣れてきたら自分で作ることにしてもよいからだ。

■■■ 質問量の見直し

　質問量が多くなりすぎると、分岐のない回答（サブ質問のないほうの回答）やマトリクス質問で同一回答を選びやすくなる。これは、回答者が興味を失い、「早く終わらせよう」という意識からくるものである。対象者の時間と能力に合わせて質問量を調整するように十分に配慮したい。

A）調査手法別の質問量

　質問量はアンケートの目的により左右されがちだが、調査員が聴き取るか、回答者自身が回答するかなどの調査手法により負担に感じる量が変化する。

　質問量は回答者の実質的な負担を考慮すると、質問数よりは所要時間

表 5.4　調査手法別質問量の目安

■1回あたり質問量	ページ数（A4）	回答時間
聴き取り法		
訪問面接	～12ページ	～25分
電話調査	～ 6ページ	～15分
CLT　（街頭依頼）	～12ページ	～25分
街頭調査	～ 2ページ	～ 5分
店頭調査	～ 2ページ	～ 8分
自記入法		
訪問留置き	～25ページ	～40分
郵送調査	～16ページ	～30分
ネット調査	40問程度	～30分

※負担を感じない質問量としてある専門調査会社が採用している目安
　（回答者の集め方、運営方法、謝礼の多少などにより変動）
※挨拶、依頼を除く実回答量を質問紙（Ａ4）と時間で換算

で測る方が望ましい。表5.4は調査会社が採用している質問量の目安であるが、実際の作成時には作成者自身でプリテストなどを通じて実測し、「少し多いかな」と感じた場合は、回答者は負担を感じていると判断すべきであろう。

B）質問の減らし方

まず①、②を行って、更に多い場合は③、③' も検討したい。

---

①必要度の低い項目（「とりあえず聞いておこう」というような項目）
　の削除を検討する
②回答の仕方を検討する（二者択一項目を MA で聞くなど）

---

③アンケート票を分割し、2回に分けて実施する
③' 調査対象者を2グループに分ける

C) プリテスト

プリテストで行うべきことは、

> ①質問文を読んでみて違和感がないかを判断
> ②回答してみて答えられない回答がないかを確認
> ③必要情報として網羅できているか

の3点を確認することになる。

調査主体を開示した顧客アンケートとして行う場合は、加えて

> ④失礼のない表現となっているか

を確認したい。

■■■ 演習問題

最後に東京の某大学の学生が作成したアンケート票の具体例を示し、実際にブラッシュアップをしてみよう。

【アンケート票の原案】
調査テーマ：「地上デジタル放送推進のための地デジ対応テレビの買い替え意向の調査」
調査対象者：全国の15歳～69歳男女
サンプル数：1000サンプル
調査方法　：インターネット調査
調査の想定時期：2005年11月、つまり地デジ移行である2011年の6年前の時点

<h1>地デジテレビについてのアンケート ←①</h1>

　テレビ放送のデジタル化に伴い、それに対応したテレビが必要になります。複数選択のカテゴリーは□で、一つだけ選択のカテゴリーは○で区別しています。　←②

Q1 現在、お宅では地上デジタル放送・110度CS放送・BSデジタル放送などのデジタル放送を視聴していますか？（複数選択）　←③
- □ 地上波デジタル放送を視聴している
- □ 110度CS放送を視聴している
- □ BSデジタル放送を視聴している
- □ CATVでデジタル放送を視聴している
- □ デジタル放送は視聴していないが従来のアナログ放送は見ている
- □ 家ではテレビは見ていない⇒調査終了

Q2 現在、ご家庭のテレビ受信方式について教えてください（複数選択）　←④
- □ UHFアンテナで地上波デジタル放送が届いている
- □ 110度CS・BSデジタル放送用のパラボラアンテナがある
- □ ケーブルテレビのケーブルを接続している
- □ デジタル放送対応のテレビを所有している
- □ デジタル放送対応のチューナーを所有している
- □ パソコンでテレビを見ている
- □ 集合住宅で屋内配線されているので元の受信方式は分からない
- □ 従来からの普通のアンテナでアナログ放送を受信している

Q3 将来、アナログ放送が終了し、アナログ放送のみに対応したテレビでは番組が視聴できなくなることをあなたはご存知でしたか？
- ○ アナログ放送が何年後に終了するかまで正確に知っている
- ○ アナログ放送が終了することは知っているが何年後かは確かでない
- ○ アナログ放送が終了することは知らなかった

Q4 現在ご使用のテレビは何年前に購入されたものですか？何台もテレビをお持ちの場合は、一番メインに見ておいでのテレビについてお答えください。　←⑤
　　_____年前

Q5 デジタル放送対応テレビへの買い替えは何年後を予定されていますか？　次の中から近い回答をお選びください。　←⑥
- ○ 向こう1年以内
- ○ 2年後までに
- ○ 3年後までに
- ○ 4年後以降に
- ○ アナログ放送終了ぎりぎりに
- ○ 現在のテレビが駄目になるまで買い換えない
- ○ 時期は決めていない、分からない
- ○ テレビを買い換えてまでテレビを見たくない

【原案の問題点】
まず調査課題を次の 2 点と考えて原案の問題点を指摘しよう。

課題

> 1)「地デジ」の浸透度（認知、現状の対応状況）
> 2) 今後の対応予測

問題点

① タイトルによる回答バイアス

内容が「デジタルテレビ放送」について聞いているのに、「『地デジテレビ』について」としているので、「地デジ」の回答が選ばれやすく、他の回答を見落としやすい。
また、『地デジ』は普及促進側のキャッチフレーズなので正式名称を使うべき。

② 説明文によるバイアス

「〜が必要になります」は、否定的回答がしにくい。また、Q3 へのバイアスとなっている。

③ 質問順が不自然

現状のテレビ視聴状況→「デジタルテレビ放送」の視聴状況→受信方法→「アナログ放送終了」の認知→買い替え意向（予定）は、という質問順の方が回答者は考えやすい。

④ Q2 の受信方法の選択肢が答えにくい

デジタル放送視聴者への質問なので、機器の種類に限って確認したほうがシンプル。

⑤ Q4 は、補足質問として質問順は後半へ

質問する場合は「デジタル対応」も確認する。

⑥ Q5 の買い替え時期は、デジタルへの買い替えが前提となっている

「専用チューナー」での対応も考慮し「デジタル対応」で確認し、「意向なし」「わからない」（考えていない）の選択肢も用意する。

【ブラッシュアップ】

デジタルテレビ放送についてのアンケート

ご家庭におけるテレビの視聴方法についてお伺いいたします。

Q1 お宅では、どのようなテレビ放送を視聴していますか。当てはまるものすべてをお答えください。

- ☐ CS 放送
- ☐ BS 放送
- ☐ CATV
- ☐ 地上波放送のみ
- ☐ 家ではテレビを見ていない → Q3 へ

Q2 では、デジタルテレビ放送は視聴していますか。視聴しているものすべてをお答えください。

- ☐ CS デジタル放送
- ☐ BS デジタル放送
- ☐ CATV デジタル放送
- ☐ 地上波デジタル放送
- ☐ デジタル放送は視聴していない → Q3 へ
- ☐ デジタル放送とアナログ放送の違いがよくわからない → Q3 へ

＜デジタルテレビ放送を視聴されている方へ＞

Q2 SQ デジタルテレビ放送の視聴のためにどのよう機器をご利用ですか。利用しているものすべてをお答えください。

- ☐ 地上波デジタル放送用の UHF アンテナ
- ☐ CS・BS デジタル放送用のパラボラアンテナ
- ☐ デジタル放送対応のテレビ
- ☐ デジタル放送対応のチューナー
- ☐ パソコンでテレビを見ている
- ☐ よく分からない

＜全員の方へ＞

Q3 将来、アナログ放送（デジタルでない地上波テレビ放送）が終了し、アナログ放送のみに対応したテレビだけでは地上波放送が視聴できなくなることを、あなたはご存知でしたか。あてはまるもの1つをお答えください。
- ○ アナログ放送が何年後に終了するかまで正確に知っている
- ○ アナログ放送が終了することは知っているが時期は覚えていない
- ○ アナログ放送が終了することを知らなかった
- ○ デジタル放送があることも知らなかった

Q4 現在のアナログ放送は、2011年7月で放送を停止し、デジタル放送に切り替える予定になっていますが、あなたは、デジタル放送対応への検討をしようと思われますか。（あてまるもの1つ選択）
- ○ すでにデジタル放送を視聴している
- ○ 検討しようと思っている → Q5へ
- ○ まだ考えていない → Q5へ
- ○ 新たなデジタル対応の機器やテレビを買い換えてまでテレビを見たくない

Q5 デジタル放送対応は何年後をお考えですか。（1つだけ選択）
- ○ 向こう1年以内
- ○ 2年以内
- ○ 3年以内
- ○ それ以上先
- ○ アナログ放送終了ぎりぎりに
- ○ 特に決めていない

＜全員の方へ＞

Q6 現在、お宅では何台のテレビをご利用ですか。
　　　　＿＿＿＿＿＿台　（　お持ちでない方は「0」と記入 →終了　）

Q6 SQ1　その中で、一番新しく購入したテレビは、いつ頃、購入されましたか。
　　　　＿＿＿＿＿＿年前
　　　　□よく覚えていない

Q6 SQ2　そのテレビは、「デジタル対応テレビ」ですか。（1つだけ回答）
- ○ デジタル対応テレビ
- ○ デジタル対応していないテレビ
- ○ よくわからない

石原聖子

第6章
テキストデータからの情報抽出

POINT

- 企業におけるテキスト情報収集の機会は増加しており、分析・活用の必要性は高まっている

- 企業に集まるテキスト情報には調査データと、蓄積型のデータがあるが、どちらも活用目的を明確にした収集と分類・分析が必要である

- お客様の声を商品改良や新商品企画に活かす仕組みは既にいくつもの企業で取組みがあり、具体的な製品を生み出している

- 何万件ものテキストデータから情報を抽出・活用するには、情報を見える化する仕組みや、テキストマイニングツールを使う必要がある

企業はお客様とのコミュニケーションの接点において問合せや要望、あるいは苦情やクレームに対応するために様々なテキスト情報を収集している。

それらをデータの種類によって分類すると、表6.1のように①調査データと②蓄積データに分類できる。取引先の売上情報などデータ分析に活用する数値情報に比べると、自由記述やお客様の声といったテキスト情報は企業に数多く集まってはいるものの、業務や経営のPDCAに活用できていない企業や組織が多いのではないだろうか。

しかしながらお客様からの問合せの背景、困りごとの詳細や今後の要望などを含んだテキスト情報は質の良いものを数件読めば、100件の定量データよりも説得力や深い示唆を得られることも多い。

また、最近では自社で収集したテキスト情報だけでなく、インターネット上にはブログやツイッターなど、様々な生活者の声が日々発生している。「成熟・飽和社会」といわれるなかで、これらテキスト情報の良さを活かした分析・活用への期待が高い。従って収集し対応するだけでなく、分析による商品開発やマーケティングへの活用がますます重要になってきている。

表6.1　企業で収集するテキストデータの種類と特徴

データの種類	データ収集方法と分析目的	データ量	データの代表性	データ収集コスト
①調査データ（アンケート調査、インタビュー調査など）	新規収集が可能　分析目的に適したデータを収集できる	調査規模による	無作為抽出　有意抽出　上記の双方が可能	新規収集コストが発生
②蓄積データ（コールセンター情報、Webからの問合せ、営業日報など）	クレーム対応・問い合わせ対応など一次目的で活用。分析はデータの二次的活用になる	時系列に沿って、大規模データの収集が可能	母集団からの確率標本ではないが「自社のお客様」という視点では母集団の一部であるといえる	二次活用で使用する場合は、安価にデータ収集が可能

【出所】石原（2005）をもとに修正

6.1 アンケートや利用者カードの作成法

Question

定量的なアンケートデータの分析は経験があるのですが、自由記述はいつも質問の最後に付け足しのような扱いになってしまい分析の経験がありません。設問の作成方法や挿入場所、分析手順を教えてください。

　アンケートの自由記述欄や、商品にハガキで同梱された購入者カードの分析は、企画者が回答者や利用者の書き方に制限やルールを与えることが可能であり、設問の作り方や挿入場所に注意してデータを収集すれば、テキスト分析に取り組みやすくなる。

【アンケートや利用者カードの作成】
　ここでのポイントは、通常の質問紙調査と同様に、事前に調査課題を明確にして質問紙や利用者カードを作ることである。商品に対する満足度評価なら5段階や7段階の評定尺度で定量評価を確認し、その満足・不満足の理由を自由記述で確認する。同梱ハガキならば、操作性の良さ・悪さを質問で確認し、その理由を自由記述で確認する。
　回答者の属性情報として、年齢や住居する地域、BtoBのビジネスであれば業種や役職、企業従業員規模などが後々分析する際に役に立つ。

【調査のどこに自由記述欄を入れるか】
　満足度調査や、製品同梱ハガキ、ホテル利用者カードなどに自由回答記述を入れる場所には注意が必要である。
　図6.1はオフィス機器の満足度調査における保守サービスの満足度評価であるが、7段階の満足度評価に添えて自由記入欄を設けている。「保守サービスに対する満足・不満、意見・要望」という区切った範囲を設

定したほうが回答が分散せず、後の分析に役立つ。また、満足度評価の定量的な7段階の尺度との関連で分析することが可能になる。

同様に図6.2に示したホテルの利用者カードでも、最後の欄に自由に利用後の感想を書いてもらうこととは別に、特に聞きたいことがあれば個別に特定して記述を書いてもらうのが、役立つ意見を収集できるポイントとなる。

本来であれば、企業はお客様に全てのポイントを聞きたいところであるが、記入者の負担を抑えるには、どうしても確認が必要なところに絞って自由記述欄を設けることをおすすめする。

このほか、聞きたいことの範囲を制限した聞き方としては、一つの文章を完成してもらう方式も効果的に情報を収集できる。たとえば、「あなたが毎朝飲みたいコーヒーについて以下の（　）を埋めて記述してください」という聞き方をする。

質問例

【毎朝飲みたいコーヒー】

私が毎朝飲みたいコーヒーは、濃さは（　　　）で、熱さは（　　　）、味は（　　　）で、（　　　）と（　　　　　）を入れて飲みたい。

質問：満足度 弊社の保守サービスに どの程度満足されてい ますか？	大変満足	かなり満足	やや満足	どちらでもない	やや不満	かなり不満	大変不満
	7	6	5	4	3	2	1

上記に評価された理由や保守サービスについてのご意見・ご要望をお聞かせください。

自由記入欄

図 6.1　満足度調査における自由記入欄の例

ＡＢＣホテル　宿泊ご利用カード

①当ホテルをご利用になられたのは
1. 今回がはじめて
2. 2回目
3. 3回目以上

②フロント係の応対はいかがだったでしょうか？
大変良い、良い、普通、悪い

③客室の手入れはいかがだったでしょうか？
大変良い、良い、普通、悪い

④宿泊料金は妥当な金額と思われますか？
高い、妥当、安い

⑤当ホテルの無料朝食サービスはいかがだったでしょうか
大変良い、良い、普通、悪い

朝食の種類やサービスについてご意見・ご要望をお聞かせください。

⑥その他、当ホテルについてお気づきのことがございましたらご自由にお聞かせください。

図 6.2　ホテル利用者カードにおける自由記入欄の例

6.1　アンケートや利用者カードの作成法

6.2 テキスト分析の方法

　企業活動においてテキスト情報は社内外から刻々と集まってくるものの分析上の課題も多い。

分析上の課題

　第一の課題は「**情報の混在性**」である。7章のデータの集計では、数値そのものや回答をコード化した名義尺度を取り扱う。これに対し、テキスト情報は一つの文章に名詞・助詞・形容詞・動詞といった様々な品詞・活用形が混在する。また「点検」と「メンテナンス」など同じ意味を持つ単語も異なる表記で複数入っているので、データを即座に分析することが難しい。

　第二の課題は「**テキスト情報の密度**」の問題である。テキスト情報には第一にあげた情報の混在性があるため、精査していくと有益な情報はほんのわずかになってしまう特徴がある。本書の2章で指摘されたように、ある単語を文章に含む場合を1、含まない場合を0の行列で表現すると要素の大部分が0である疎行列（Sparse Matrix）となる。このため、ある程度分析に耐える量を確保することが必要であるし、企業内に蓄積されたテキスト情報の場合は必要な情報を抽出するために全数を読み込むだけでも膨大な時間が必要になってしまう。

　この2点のためにアンケート調査にしても蓄積された情報にしても、目的を明確にして収集・分析・活用のプロセスを運用することが重要である。

2つの分析法

　また、豊田（2005）によると、テキストデータの分析は大別すると「**読むという分析**」と「**構成要素の分析**」の2つであるという。分析したいテーマが、

　　問1：人が読むに耐えうる分量を超えているか？
　　問2：読んで得る情報以外に有効な情報があるか？

の2つの問いにNoの場合は「読むという分析」を中心にすべきであり、

逆に2つとも、あるいはどちらかがYesの場合は出現頻度や出現傾向などの「構成要素を分析」することが有効である可能性が高いという。

本稿では豊田の言う「構成要素の分析」を「テキスト情報分析」の中心として取り扱うが、情報を抽出し分類・分析し活用することの核として「人が読んで理解・解釈すること」があることを留意点としてあらかじめあげておく。

1) テキスト情報の分析の流れ

テキストから情報を抽出する流れを図6.3に示す。実際の分析では同図の1を実施した後、2から4までの作業は、結果を確認しながら繰り返すことが多い。

本稿ではフリーウェアである松村・三浦（2009）のテキストマイニングツール「Tiny Text Miner（略称TTM）」を使用した。TTMでは形態素解析にMeCabというツールを利用して、単語の出現頻度と出現件数（単語を含むサンプル件数）を出力してくれる。さらに係り受け解析のCaboCha

1. 形態素解析	自然言語で書かれた文章を名詞、形容詞、動詞などの語（形態素）に分割する処理でChasen（奈良先端大）、MeCab（工藤拓氏）、JUMAN（京都大学）などのオープンソースのソフトウェアがある。	テキストマイニングソフトでは左記1-4の処理を一連の操作と手続きで実行できる。フリーウエアもあれば、数百万円のビジネスユースのものまである。
2. 同義語の統一、不要語などの処理	「点検」と「メンテナンス」など意味が同じ類似の単語を同義語として登録したり、「〜が」や「〜の」などの助詞や助動詞など分析に不要な単語を処理する。	
3. 構文解析	構文解析は、語と語の係り受け関係を分析する処理であり、フリーのソフトウエアとしてCaboCha（工藤拓氏）、KNP（京都大学）などが公開されている。	
4. 分析	出現頻度・件数、共起性、クラスタリング、属性別出現傾向、時系列出現頻度などを分析することが可能。	

図6.3　テキストデータの分析手順

というツールと連携して、係り受けによる出現頻度と出現件数を出力することが可能である。また、同義語、固有名詞やキーワード、不要語の登録機能も付いている。

【ツールのインストール】

インストールが必要なものは表 6.2 に掲げた 3 種類。Tiny Text Miner のほかに、形態素解析の MeCab（和布蕪）と係り受け分析の CaboCha（南瓜）をインストールする。

【分析】

今回分析対象としたのは表 6.3 のようなオフィス機器の保守サービスについての満足度評価における自由記述データ 680 件である。入力ファイルは、下記の項目（属性タグと本文）を CSV 形式（カンマ区切り）で用意する。この 2 列のデータが入力必須項目となる。

次に図 6.4 の実行画面で使用する入力ファイル、出力するフォルダ、形態素解析に活用する MeCab ファイルの場所を指定する。TTM では、語のタグ別集計（出現頻度）、語のタグ別集計（出現件数）、語 × タグのクロス集計（出現頻度）、語×タグのクロス集計（出現件数）、語 × 語のクロス集計（出現件数）、テキスト×語のクロス集計（出現頻度）の 6 種類の出力ファイルが指定可能である。

TTM では固有名詞などのキーワード、同義語、不要語を図 6.5 に示した設定ダイアログボックスで登録できる。また分析に使用する品詞の指定や、単語単位の解析ではなく係り受け解析も指定できる。

今回は同義語ファイルに「点検」と「メンテナンス」、「迅速」と「スピーディ」などを登録、また保守サービスについての記述なので「保守」を不要語に登録した。

表 6.2　テキスト分析に必要なツール（全てフリーウエア）

機能 / ソフト名	ダウンロードサイト	補足
テキストマイニング /TinyTextMiner	大阪大学大学院経済学研究科松村研究室　http://mtmr.jp/ttm/	テキストの属性（タグ）と一緒に読み込んでCSVに出力する。Windows版とMac OSX版がある。
形態素解析 /MeCab（和布蕪）	http://sourceforge.net/projects/mecab/	京都大学情報学研究科―日本電信電話株式会社コミュニケーション科学基礎研究所共同研究ユニットプロジェクトを通じて開発
係り受け分析 /CaboCha（南瓜）	http://www.chasen.org/~taku/software/cabocha/#download	係り受け解析ツール

表 6.3　オフィス機器の保守サービスについての自由記述の一部

属性タグ（保守サービス満足度評価）	本文（満足度評価についてのコメント）
7 大変満足	テレフォンセンターに連絡してから、修理にくるまでが早くてとても助かります。修理してもらう機械以外の富士ゼロックスさんの商品の調子も確認してくれるので、とても良いです。
6 かなり満足	細かな所まで気をつかった対応に非常に好感が持てる。今後もよろしく御願いしたい。
4 どちらともいえない	担当者により技術力にバラツキがあるので判断しづらい。導入直後には無かった些細な不具合が増えているので、確かな技術の方にお願いしたい。
7 大変満足	スキルレベルが高い

「属性タグ」は保守サービス満足度の 7 段階評価
「本文」は 7 段階評価についての自由記述

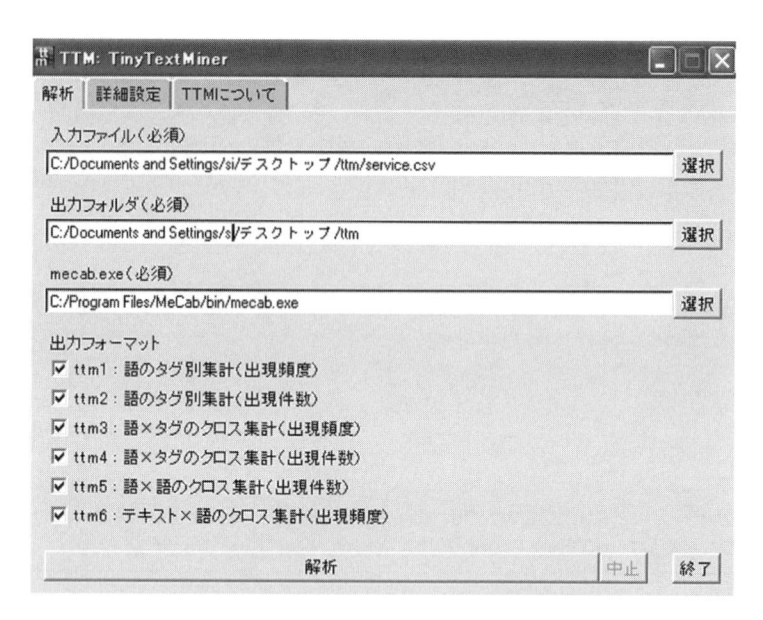

図 6.4 Tiny Text Miner（TTM）の実行画面

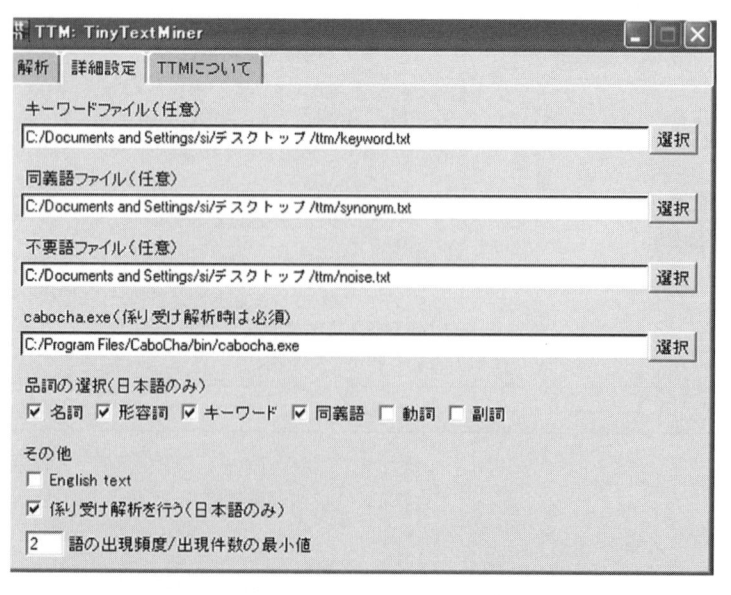

図 6.5 Tiny Text Miner（TTM）の設定画面

【分析結果】単語の出現件数

どんな言葉が多いのか最初に単語の出現件数を確認する。表 6.4 は TTM で出力された単語の頻度表の上位 10 語である。「対応」、「迅速」、「点検」といった単語が上位に来ている。

しかしこれだけでは、「何に対応するのか」「どのような点検」なのかが分からない。このために係り受け分析[*]で、内容を深堀りしてみる。表 6.5 の係り受け出力により、「迅速な対応」、「対応が早い」、「丁寧な対応」などの係り受け構造の件数が多いことを確認できた。

[*] 係り受けとは、単語と単語の関係性のことである。たとえば、「私はお菓子が好き」なら、それぞれの単語が、「誰は・何が・どんなだ」という単語間の関係で結ばれている。

表 6.4　ttm2　語のタグ別集計（出現件数）

	語	品詞	大変満足	かなり満足	やや満足	大変不満～どちらでもない	合計
1	対応	名詞	89	100	46	13	248
2	迅速	名詞	50	45	20	2	117
3	点検	名詞	10	18	23	36	87
4	欲しい	形容詞	4	16	23	29	72
5	良い	形容詞	20	28	9	5	62
6	ない	形容詞	10	14	16	17	57
7	修理	名詞	10	17	17	13	57
8	故障	名詞	13	11	14	10	48
9	お願い	名詞	12	13	17	6	48
10	連絡	名詞	10	16	12	9	47

表 6.5　ttm2　語（係り受けで出力）のタグ別集計（出現件数）

	係り受け	大変満足	かなり満足	やや満足	大変不満～どちらでもない	合計
1	迅速＋対応	32	34	19	2	87
2	対応＋早い	5	10	1	1	17
3	丁寧＋対応	10	3	1	1	11
4	対応＋感謝	4	6	0	0	10
5	定期的＋点検	1	0	1	7	9
6	対応＋満足	5	3	1	0	9
7	対応＋良い	3	2	1	0	8
8	誠実＋対応	5	3	0	0	8
9	故障＋ない	3	4	0	0	7
10	迅速＋丁寧	0	4	1	2	7

2）属性間でのテキストの特徴を分析する

　ここからが、調査結果の分析として重要な部分であるが、満足度の高い回答者と、満足度の低い回答者ではどのような特徴（違い）があるのかを確認したい。

　用意したデータセットの「大変満足（7）」から「大変不満（1）」までは7段階尺度で評価されているが、「どちらともいえない（4）」から「大変不満（1）」までのデータは総数が少ないので「不満層」としてまとめた。

　図6.6の「大変満足している」層は「迅速な対応」や「丁寧な対応」「誠実な対応」を評価しており、これらの「保守対応」を強化することにより満足度の維持や向上を強化できる。

　一方図6.7の「不満足層」では「定期的な点検」についての不満や、「点検時間が長い」ことを低評価にあげており、点検内容についての説明強化や、点検作業数のチェックによる点検時間の短縮など対策検討などの活用につながる。

　さらに、TTMで出力されるttm4語×語のクロス集計（出現件数）をもとに、オープンソースのデータ解析ツール「R」のグラフ機能を活用すれば、図6.8のような共起グラフを作成することが可能である。

　これにより、今回利用したテキストデータの中で、同時に使われている単語のつながりの関係が確認できる。

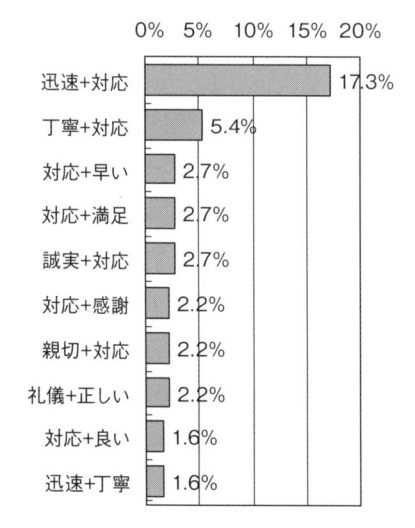

図6.6　「大変満足」回答の係り受けの比率（出現件数 / 回答者数）

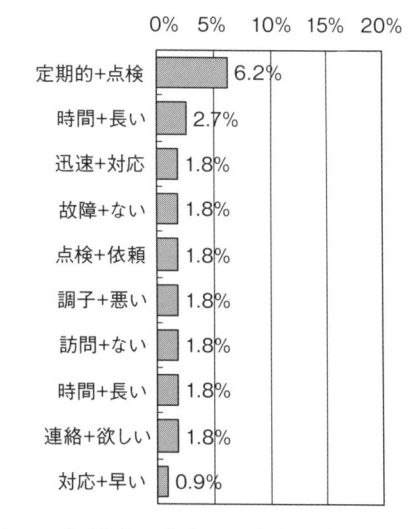

係り受け	比率
迅速+対応	17.3%
丁寧+対応	5.4%
対応+早い	2.7%
対応+満足	2.7%
誠実+対応	2.7%
対応+感謝	2.2%
親切+対応	2.2%
礼儀+正しい	2.2%
対応+良い	1.6%
迅速+丁寧	1.6%

図6.7　「どちらでもない～大変不満」回答に含まれる係り受けの比率

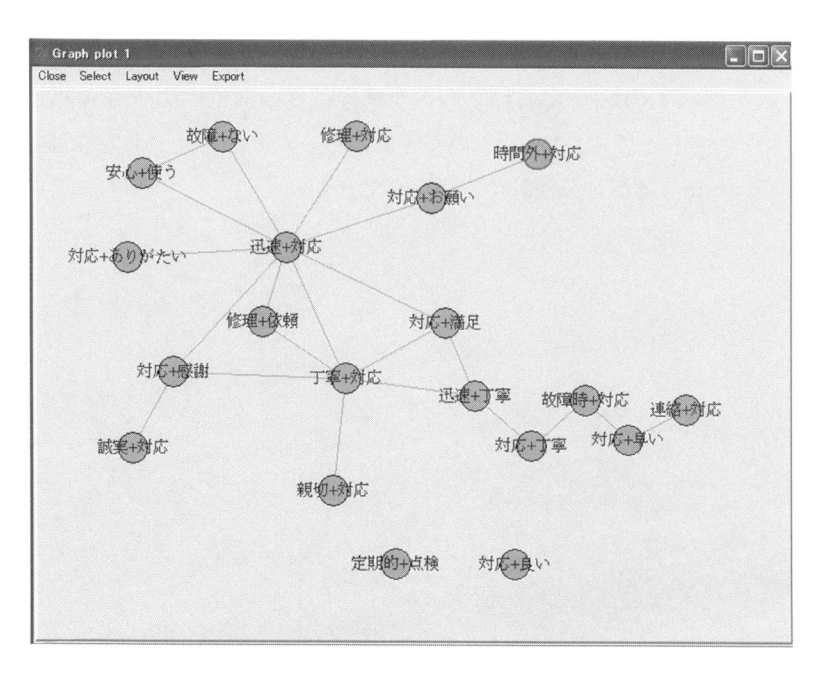

係り受け	比率
定期的+点検	6.2%
時間+長い	2.7%
迅速+対応	1.8%
故障+ない	1.8%
点検+依頼	1.8%
調子+悪い	1.8%
訪問+ない	1.8%
時間+長い	1.8%
連絡+欲しい	1.8%
対応+早い	0.9%

図6.8　Rのigraph（sna）による共起グラフ

6.2　テキスト分析の方法

■■■ 3つの単語の係り受け分析

【TRUE TELLER を使った分析】

　ここまではオープンソースのフリーウエアを使った方法でテキストからの情報抽出と分析を紹介してきた。フリーウエアでも現在はかなりの分析ができることが理解いただけたと思う。次に有料のテキストマイニングツール、野村総合研究所の「TRUE TELLER テキストマイニング」を活用した場合の分析例を参考に紹介したい。

　Tiny Text Miner の係り受けは2つの単語間の係り受けのみであるが、TRUE TELLER の場合は3つの単語間での係り受けを分析することが可能である。従って満足度の高いお客様で出現件数が一位の形容詞「良い」に対し具体的に「何を、どのように、良い」と評価しているのか、また満足度評価の低いお客様で出現する第一位の形容詞「ない」について「何が、どのように、ない」と感じているのかを理解しやすい図6.9のようなマップで表現することが可能になっている。

　例えば、「修理してもらう機種以外の機械の調子も確認してくれるので、とても良い。」という評価から、エンジニアのお客様対応教育などの改善策などを検討することができる。

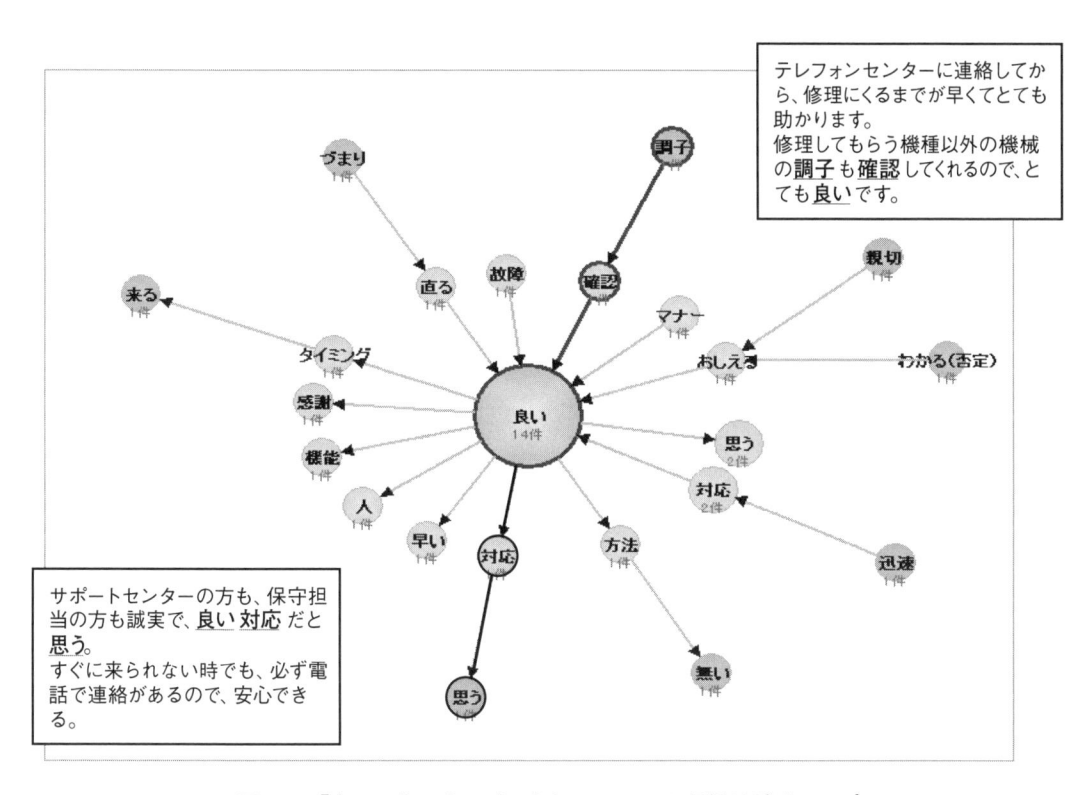

図6.9 「良い」というコメントについての3項係り受けマップ

3) 因果関係分析

　テキストマイニングツールでは多変量解析も一連の手続きで実行できる。図 6.10 は同じく TRUE TELLER を使って回答者の属性（満足度評価）とテキストの関連性を視覚的に表した「因果関係図」である。
　左に単語、中央に満足度評価、右に係り受けを配置して、関連性の強さを表すリフト値の線でつないで、関係性を把握できる。

【リフト値の計算方法】

リフト値の計算方法は下記で計算する。

$$リフト値 = 特定状況下での傾向 \div 全体での傾向$$

今回の場合は、右辺は以下の計算になる。

$$特定状況下での傾向 = \frac{単語 A や係り受け B の満足度 C における出現数}{満足度 C における回答者数}$$

$$全体での傾向 = \frac{単語 A や係り受け B の回答者全体における出現数}{回答者全体数}$$

　これにより、例えば「大変満足」の回答者層においては「迅速だ」という評価コメントが、他の回答者層に比べ 1.53 倍の出現率でつながっていることが、全体の関係性の中で分かり、関係者で体系的に議論、対応を検討することに役立つ。

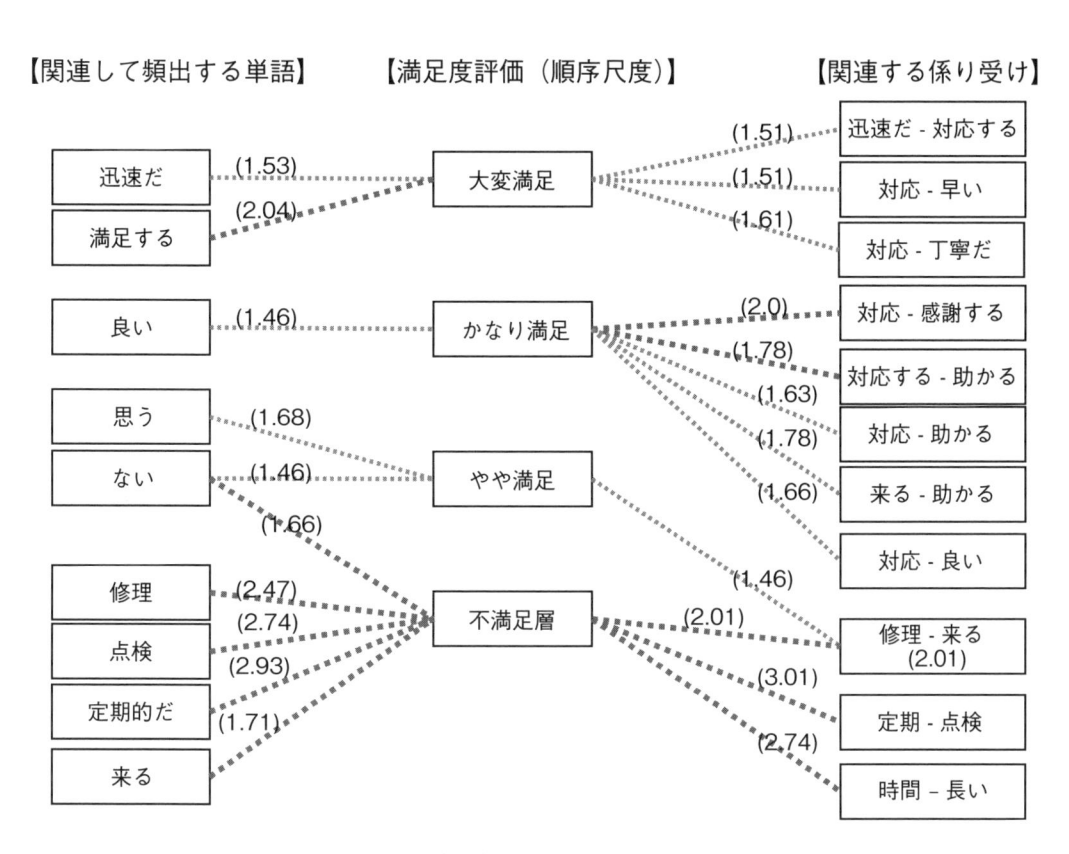

図 6.10 満足度評価ごとの因果関係分析

6.2 テキスト分析の方法

6.3 コールセンターや営業日報の蓄積データ

Question

コールセンターや営業日報など、何千件から何万件も集まるテキストデータを収集・分析する際の、注意点・コツはどのようなものでしょうか？

　本節では、コールセンターやWebホームページへのお客様からの問合せや、営業やエンジニアなどお客様と接点のある担当者がお客様とのコミュニケーションにより集めてきた営業日報などの分類と分析活用について考える。

　通常企業のコールセンターや、営業日報などの蓄積情報は年間数万件から場合によっては数十万、数百万件という大規模なものになることが多い。これらは活用の一次目的としてお客様からの申し出に対する修理や訪問、苦情対応など「個々のお客様への要望対応」を目的としていて、日常業務の中で情報が集まってくるからである。

　さらに二次目的としてせっかく蓄積されたお客様の声を次期製品の企画や開発、新たなサービス体制の構築などに活用したいと考えている企業は多い。本節では、消費財の事例として資生堂、そして生産財の事例として富士ゼロックスなどの事例を交えて紹介する。

　前節ではテキストデータを定量データ的に取り扱い、分析する手順について紹介したので、本節ではその部分は省略して、いかにお客様の声を集めて取り出しやすくするかということを業務の運用の面から検討する。次にお客様の声から新たなビジネステーマの探索など、少数意見ではあるが「今後の期待」を感じさせる情報をいかに探索するかについて述べたい。

<富士ゼロックスのALL VOC>

収集手段 → **受付担当** → **対応・活用**

お客様の声（ALL VOC）

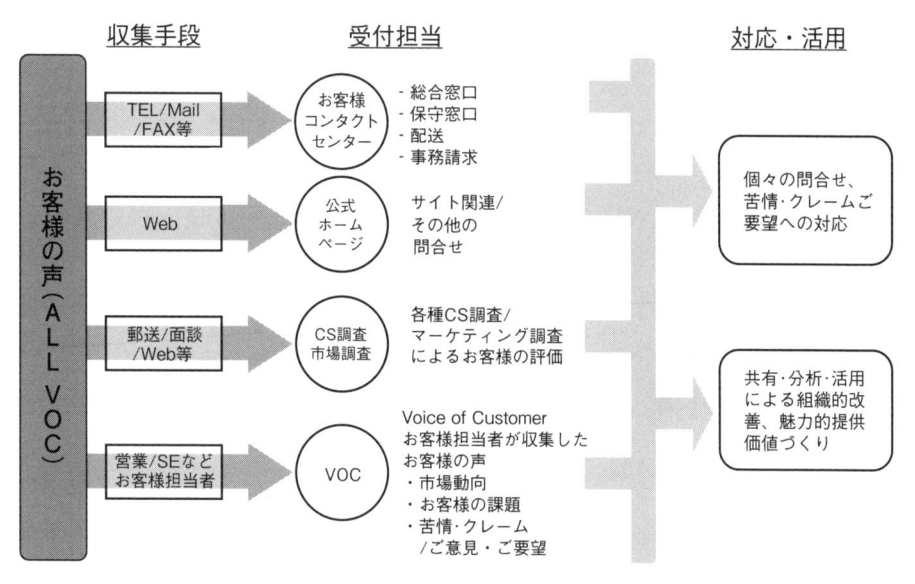

- TEL/Mail/FAX等 → お客様コンタクトセンター
  - 総合窓口
  - 保守窓口
  - 配送
  - 事務請求
- Web → 公式ホームページ
  - サイト関連/その他の問合せ
- 郵送/面談/Web等 → CS調査 市場調査
  - 各種CS調査/マーケティング調査によるお客様の評価
- 営業/SEなどお客様担当者 → VOC
  - Voice of Customer
  - お客様担当者が収集したお客様の声
  - ・市場動向
  - ・お客様の課題
  - ・苦情・クレーム/ご意見・ご要望

対応・活用：
- 個々の問合せ、苦情・クレームご要望への対応
- 共有・分析・活用による組織的改善、魅力的提供価値づくり

図6.11　お客様の声を収集する仕組み（富士ゼロックス）

筆者が勤務する富士ゼロックスの事例を使って、蓄積型のテキスト情報のデータソースを紹介する。富士ゼロックスの主力商品はオフィスで使われている複合機やプリンター、またこれらを活用した業務ソリューションやサービスであり、生産財つまりB to Bの企業である。とはいえ、機器を使うのはオフィスに勤務する一人ひとりの個人であり、日々お客様から様々な声を頂いている。

当社に集まるお客様の声を大きく分けるとコールセンター、公式ホームページ、CS調査ほかの各種市場調査、営業やエンジニアなどお客様接点の担当者が直接お客様からいただいた声であるVoice of Customer（VOC）の大きく4つがある。この4つのお客様の声を併せて富士ゼロックスでは「ALL VOC」（図6.11）と呼んでいる。

「お客様との信頼関係の継続・拡大」や「全社で取り組む業務プロセス改善」を行うためには、「ALL VOC」を起点に、お客様と接点を持つ組織はもちろん、その他の機能組織もお客様の生の声を真摯に受け止め、連携して継続的な改善を繰り返すことが活用の基本である。2010年度はこのVOCシステムに約38万件の情報が入力された。集まった「お客様の声」は、社内各組織で共有され、問題解決や再発防止そして新商品の企画・開発につなげている。つまり、これら「ALL VOC」には、個別の1次対応と、組織的に活用する2次対応（活用）が含まれる。

1）営業日報やコールセンターでのテキスト情報の収集と分類

　調査目的により自由回答の範囲を制限してテキスト情報を収集できるアンケート調査に比べ、営業日報やコールセンターなど蓄積型のデータベースの取扱いは難しい。その理由として蓄積されたデータは、メーカーのコールセンター情報であればお客様とのコミュニケーションに、営業日報であれば企業の業務管理に活用することを第一目的として収集されており、あらかじめ調査上の仮説や問題意識を組み込んでデータ収集することが可能なアドホック調査（p.20 参照）とは成り立ちが異なるからである。以下データ収集・入力、蓄積・共有に際しての留意点を事例も含めて記述したい。

■■■ 収集・入力のコツ

　入力や活用の目的を明確にし、入力者の負担が軽く、正しく分類できることが重要である。

　富士ゼロックスの VOC の場合は、図 6.12 のように「VOC の種類」、「関連する組織」、「対象商品・サービス」の 3 段階を入力者に分類して入力してもらっている。これにより活用側の分類の負荷が減少し、基本的な分析が可能となっている。

　例えば、電話によるお客様相談センターからの情報入力なども全社活用の視点ではお客様とのコミュニケーションの全てを入力するのではなく、図 6.12 の定義に基づいて登録すべきものだけを分析対象とすることにより、入力側・活用側双方で扱いやすいデータベースとなってくる。

　また、入力者の数が多いほど入力の品質にバラツキも出てくる。このため入力ルールを設け、機会あるごとに定着や入力品質の向上を図ることが必要となる。基本的には、5W1H、つまり Who（だれが）、What（何を）、When（いつ）、Where（どこで）、Why（なぜ）、How（どのように）が入っていることが望まれる。

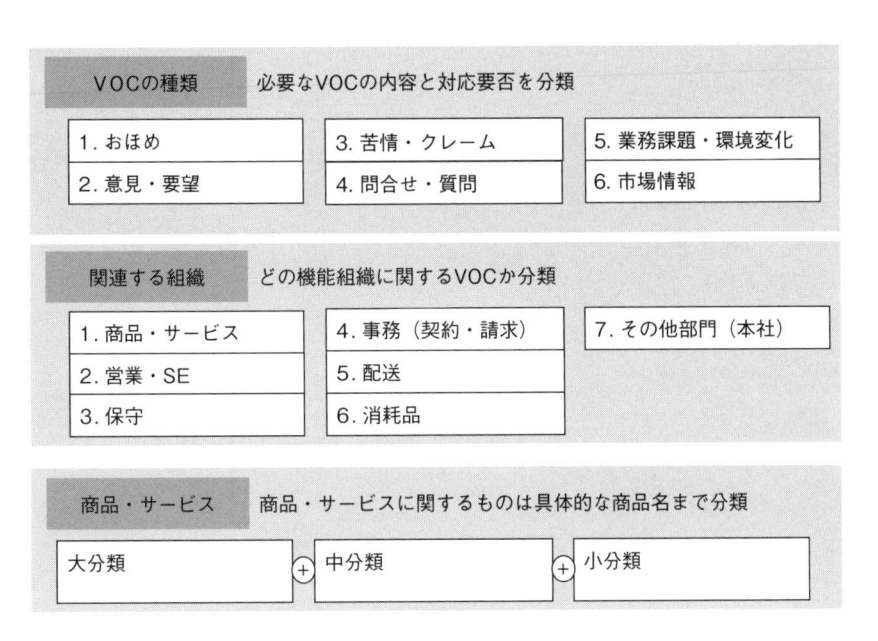

| VOCの種類 | 必要なVOCの内容と対応要否を分類 |

| 1. おほめ | 3. 苦情・クレーム | 5. 業務課題・環境変化 |
| 2. 意見・要望 | 4. 問合せ・質問 | 6. 市場情報 |

| 関連する組織 | どの機能組織に関するVOCか分類 |

1. 商品・サービス	4. 事務（契約・請求）	7. その他部門（本社）
2. 営業・SE	5. 配送	
3. 保守	6. 消耗品	

| 商品・サービス | 商品・サービスに関するものは具体的な商品名まで分類 |

大分類 ＋ 中分類 ＋ 小分類

図6.12　VOCの入力分類例（富士ゼロックス）

6.3　コールセンターや営業日報の蓄積データ　127

■■■ データの蓄積と共有化

<資生堂「お客さまセンター」の基盤を支えるシステム>

　前項に書いたように、分類をはっきりさせることで、蓄積・共有の状況を全社から分かりやすく見えるようにすることも重要である。蓄積データの場合は読むことが基本であり、集まり方が見えることが必要となる。

　事例として化粧品メーカーの資生堂では、相談窓口である「お客さまセンター」を中心に、お客さまからの質問・相談への回答やアドバイス、お客さまからの情報の収集、お客さまからの相談内容・状況の記録と蓄積、社内へのお客さま情報フィードバックなどの一連の流れをシステムでサポートしながら推進している。

資生堂ではお客さまとのコミュニケーションや情報を一括管理するために1996年から独自のシステムを導入し、現在はお客さま情報を一元管理するデータベース「ミラー」とテキストマイニングシステム「フォーカス」を活用している。このシステムは以下の機能から構成されている。

①お客さま相談支援機能
お客さま相談窓口スタッフが専用端末を使って対応相談するシステム。

②お客さま情報入力機能
お客さまからの意見や要望をコンピューターに即時入力するシステム。お客様窓口だけでなく、小売りの店頭で収集され携帯端末から入力したお客さまの声や、Webサイトへの相談・意見を蓄積する機能も持つ。

③ お客さま対応情報管理機能
相談に対応した内容や状況を記録し、進捗状況を管理するシステム。

④お客さま情報解析機能
相談内容や、意見を社内で共有化し、グローバル横断で多角的に分析して新たな商品の開発や改善に活かしている。さらに日本語環境ではテキストマイニングも利用している。

　このシステムは、資生堂が「100%お客さま志向」であることを目指し、全社員が積極的にお客さま情報を活かすことを目的としている。

　情報の活用例として、一つはお客さまからの商品に対する意見、評価から商品改良や新商品企画に活かしている。また2007年からは、お客さま窓口への問合せの多い質問とその回答を資生堂ウェブサイトとイントラネットへ掲載し、FAQとして消費者の「知りたい情報」を「知りたい時に」提供するお客さまサービスを向上している。

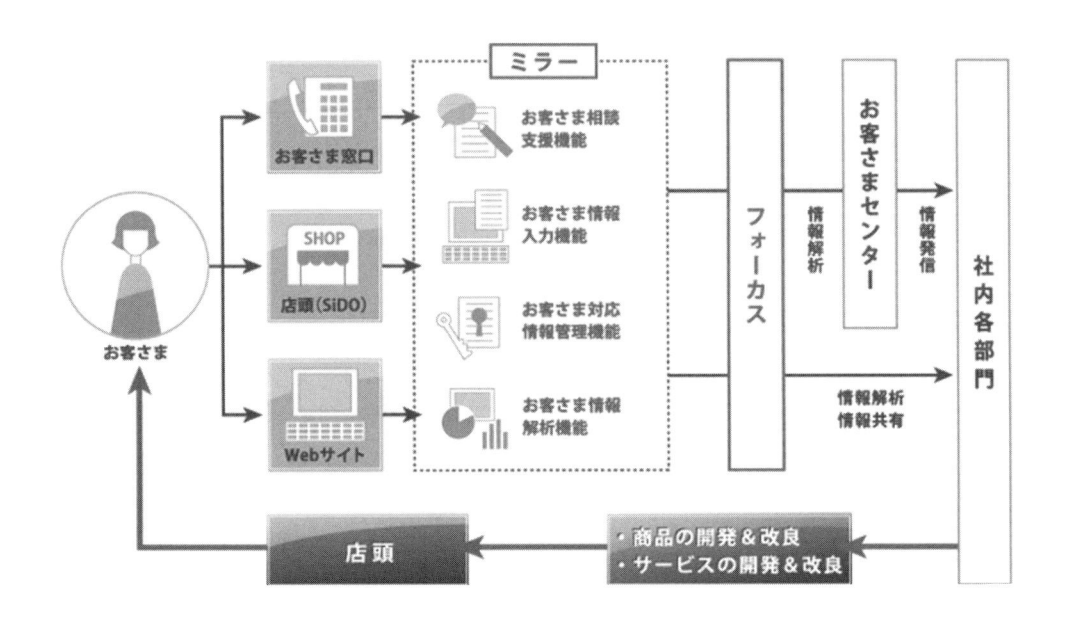

図 6.13　資生堂「お客さまセンター」の基盤システム
資生堂 HP より　　http://www.shiseido.co.jp

2) 蓄積データの分析方法

　蓄積型のテキスト情報の分析方法も、基本はアンケートデータの分析と同じ手順や方法が取れる。しかしながら蓄積したテキスト情報はアンケートデータに比べて情報の種類や内容が多岐にわたるため、活用目的から分析視点を決めていくことをしないと、手間ばかりが増えてしまうことに注意が必要である。以下いくつか主な方法を紹介する。

■■■ 課題や要望を順位で分析するパレート分析

　収集された問合せや要望、あるいは苦情などの中から重要なものを浮き彫りにするためにはパレート分析が有効である。図 6.14 の左目盛の棒グラフは発生件数を表し、折れ線は全体の発生件数における累積率を表す。パレート図では苦情や問合せの最も一般的な種類、最も頻度の高い機能などを表現できる。

　集まったデータを、分類別、層別にどの項目がもっとも問題かを見つけ、取り上げるべき課題を決定するのに使えるほか、改善前と改善後を比較し改善効果を把握することが可能である。

■■■ 時系列のトレンドで分析する

　次に蓄積データの利点として、時系列の分析が可能なことがあげられる。問合せや、意見、要望などを時系列で確認すると、一時点でのパレート分析では確認できない突発的に増えた情報、減少した情報を確認することができる（図 6.15）。

　また、富士ゼロックスの海外販売会社ではお客様からいただいた「おほめの言葉」をトレンドで分析して営業推進活動に役立てている。

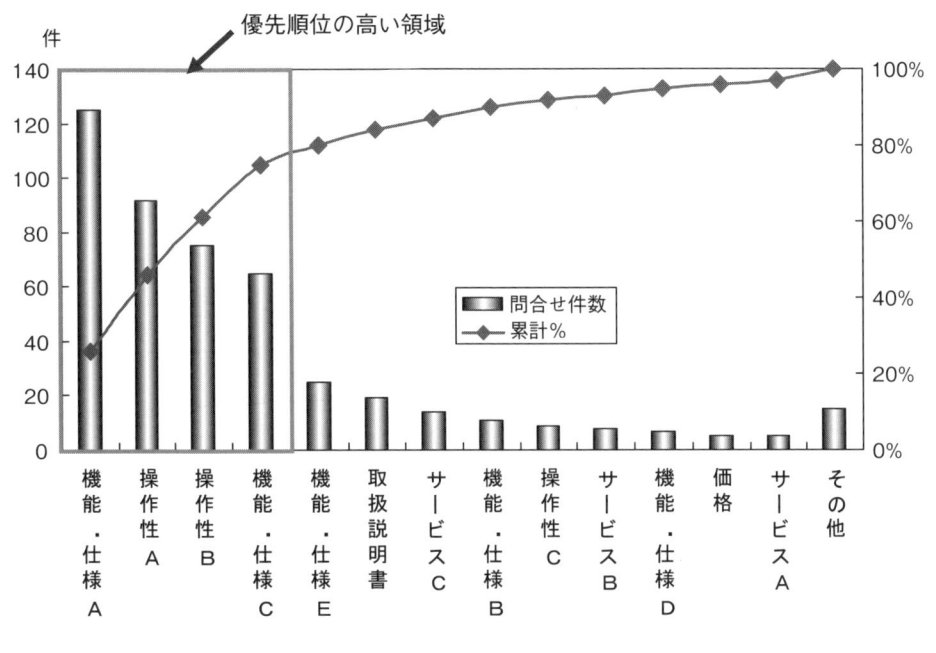

図6.14 ある商品の問合せ件数のパレート図

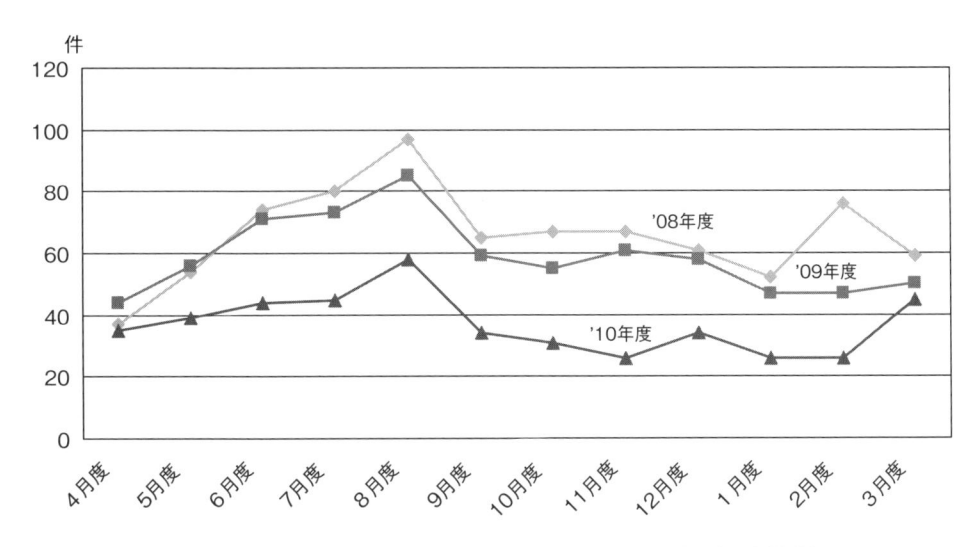

図6.15 ある商品に関する問合せ・意見の時系列分析（月度推移）

6.3 コールセンターや営業日報の蓄積データ

3) 今後の期待・ニーズを探る

　先に紹介したパレート分析と、トレンド分析はどちらかというと、**品質管理的**な手法であるが、最後に紹介するのは、少数でもお客様のニーズや要望を発見したい、ビジネスのヒントを探したいという**探索的**なテキストの抽出方法である。これは、各企業にとっても課題であり、まだズバリ効果的な手法はないが、大量のデータからヒントを絞り込む方法を提示しよう。

①**頻出名詞の除外による特徴強調**

　これは名詞や、名詞 - 形容詞・動詞の係り受けを、出現頻度が高いことを意見の特殊性の欠如とみなして分析対象から除外して確認する方法である。例えば、出現頻度の上位30個の名詞を除外して意見・要望などを確認することによりお客様の今後の期待や変化が検討できる。

②**語尾の表現から期待や要望を探る**

　この方法は「～して欲しい」や、「～はできますか？」、あるいは「お願いしたい」などの要望的な表現の入った語尾をキーワードとして登録し、内容を確認する方法である。企業として全数に必ず対応しなくてはならない苦情やクレームと違い、意見や要望を探っていく際には必ずしも全数に対応する必要はないので、いかに示唆のあるテキストを発見できるかの文字通り「マイニング（採掘）」がキーとなる。

　このため、あらかじめ入力時の分類設定や、化粧品メーカーであれば年代別など、さらに分析するための層別基準が重要となってくる。

4) お客様の声の活用

活用で非常に重要なことは「お客様の声を基軸に企業活動を変えていく」という社員の強いモチベーションである。これには企業の経営トップ自らが、この考え方の実践者であることが求められるし、お客様の不満・意見・要望により、業務プロセスや提供価値を変える取組みに対する支援や評価の仕組みが必要となる。

例えば、パナソニック電工では、お客様から日々様々な不満、意見、提案をいただく中で、その声をできるだけ「商品」「サービス」に反映できるよう、お客様の声分析システムを使って全社員に情報発信を行い、それぞれの分野で改善活動に取り組んでいる。取組みの一例として2009年度は商品だけでなくカタログ・取扱説明書の改善にも活かしている（パナソニック電工「パナソニック電工2010 CSR・会社案内」より）。

また富士ゼロックスでは「K-K表」という手法を用いて、新商品の企画にお客様の声を取り込んでいる。これは、商品の企画フェーズで、お客様の声（顧客の声:K）を企画（企画の声:K）につなげる要求品質展開表である。

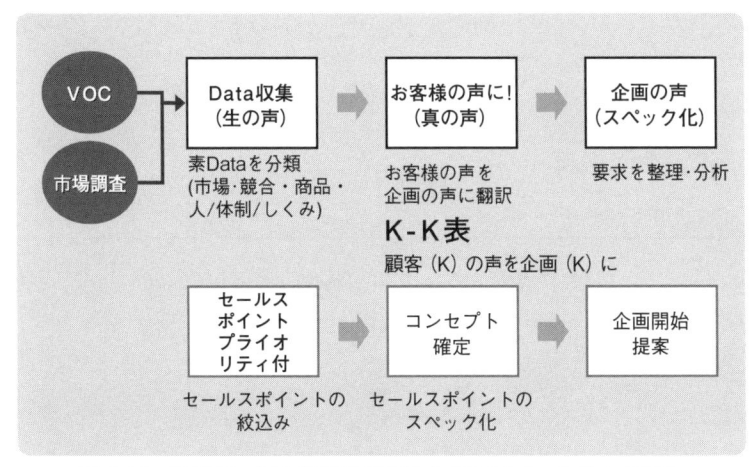

図6.16　K-K表によるお客様の声から企画スペック化への流れ

作成手順は企画者が「お客様の声」から商品企画に必要な項目（企画の声）を導き出し、次に「お客様の声」の中からセールスポイント候補を導き出して仮コンセプトを立案し、お客様へのヒアリングなどで検証後、最終コンセプトを確定している。

　2009年11月に販売を開始したオフィス向けのカラーデジタル複合機「DocuCentre-IV C2260」は、VOCを活用して企画・開発した商品の1つである。この商品の企画・開発にあたり、国内外のお客様の声、CS調査結果を分析し、以下の3つのポイントを抽出した（図6.17）。その結果、シンプルなデザイン、サイズ、操作性、静音設計については、お客様から特に高い評価をいただくことができた。

図6.17　富士ゼロックス　DocuCentre-IV C2260

6.4 ブログやツイッターからの情報抽出

Question

生活者が日々インターネット上で発信する、ブログやツイッターからテキスト情報を抽出し、分析する方法と注意点について教えてください。

　本章の最後にインターネット上のブログやツイッターからの情報抽出について述べる。

　インターネットは既に我々の生活やビジネスの一部となっているが、2005年から利用者が急拡大したブログに加え、2009年ごろから新たに生活者が140文字以内でいつでも発信できるツイッターがソーシャルメディアに加わった。

　ソーシャルメディアとは電子掲示板、ブログ、ミクシィやGreeなどのSNS（Social Networking Service）、Wiki、YouTubeなどの画像・ビデオ共有サイトなど、一般消費者が情報発信するメディアの総称であり、以前はCGM（Consumer Generated Media）と呼ばれていた。ブログやツイッターに書かれる内容は、日記や趣味など様々であるが、総務省情報通信政策研究所の推計によると2009年1月末時点の国内のブログ登録者は2695万人に上るという。

　こうした利用者の急拡大によりインターネット上に利用者自身による商品やサービスの評価、あるいはクチコミが日々大量に発信されている。企業側でもこれらの変化を受け従来の公式ホームページによる情報発信だけでなく、ブログやツイッターでやりとりされる自社についての書き込みをモニタリングしたり、時にはツイート（つぶやき）に参加しユーザーを支援するなどして、マーケティングに活用する動きが広まっている。

■■■ ブログ・ツイッターからのテキスト情報の収集・分析方法

ブログやツイッターからテキスト情報を取得する方法やツールはいくつかあるが、6.2 節で紹介した、テキストマイニングツールの姉妹版のフリーウエアである Tiny Web Crawler（TWC）や、Tiny Tweet Crawler（TTC）を利用すれば、比較的簡単に情報を収集することができる（表6.6）。

TWC は、Yahoo! ブログ検索を利用して、ブログを収集する機能を持ち、収集したブログ記事は、検索キーワード、日付、記事タイトル、記事 URL、記事本文の 5 つの変数を CSV ファイルで保存できる。TTC は Twitter から検索キーワードを含むツイート（呟き）を収集する機能を持ち、収集した呟きは検索クエリ、ID、日付、ユーザー名、呟きの 5 つの変数を CSV ファイルで保存できる。

その後、6.2 節で紹介した、Tyny Text Miner を利用すれば収集した情報からテキストマイニングを行うことができる。

表6.6 ブログやツイッターを収集できるツール（フリーウエア）

収集する対象	ツール名	取得できる変数	ツールダウンロードのURL
ブログ	Tiny Web Crawler	検索キーワード、日付、記事タイトル、記事URL、記事本文	http://mtmr.jp/twc/
ツイッター	Tiny Tweet Crawler	検索クエリ、ID、日付、ユーザー名、呟き	http://mtmr.jp/ttc/

■■■ 分析・活用上の注意点

　ブログやツイッターからの情報の分析と活用にあたっては、以下の点に注意が必要である。

①分析目的に合わせたデータ・スクリーニング

　アンケート調査の自由回答や、企業のコールセンターに蓄積された定性情報よりも、ブログやツイッターは内容や文体の自由度が高いため、テキスト情報を収集した後の同義語の統一や、不要文の削除に手間をかける必要がある。とくにインターネット上では、流行を反映して新しい言葉の使い方が多く、適切に処理しないと、情報の密度が低くなる。

　また検索キーワードが含まれている文章であれば何でも収集対象としてしまうため、99％はキーワードと無関係な内容が語られているブログからもデータを取得してくることが多々ある。このため分析の前にノイズとなるデータをどのような基準でスクリーニングするのかをあらかじめ考えておく必要がある。

②属性情報の取得の困難さ

　ブログやツイッターは、ニックネームや匿名で発信されることが多く、性別・年齢・職業など書き込み者の属性情報の取得は困難である。

　また、ある商品やサービスの評価、クチコミをブログから取得した場合も、アンケート調査のような順序尺度の商品評価データや、コールセンターなどに入った問合せの苦情レベルなどの評価属性も取得できないことを理解しておく必要がある。

③著作権への配慮が必要

　ブログやツイッターは自由に閲覧できるが、「思想や感情を創作的に表現したもので、文芸、学術、美術、又は音楽の範囲に属するもの」（著作権法第2条第1項第1号）として著作権は作成者にあるので、分析・活用する際には著作権を侵害しない配慮が十分に必要である。

小代禎彦

第7章
データの集計と統計解析

POINT

- GIGO（Garbage in, Garbage out.）、つまりゴミを分析すればゴミしか出てこない
- 集計分析を通じて顧客の心のヒダをあぶり出す努力が必要である
- 分析者がデータの尺度の判断を誤ると無意味な情報抽出をしてしまう
- グラフは見かけの印象でまったく違った解釈を導く危険がある
- 誤ったグラフ表現にストップをかけられるのは人間だけだ

この章では集計したアンケートデータに適したExcelへの入力法、データの整形、基本的な統計解析、グラフの書き方について紹介する。

顧客に対して一問一答形式でアンケートをしたところで、顧客の求めるものが直ちにつかめるわけではない。顧客自身が気づいていないような価値を発見して、その価値を製品やサービスの形で提供することが企業に課せられた課題である。データの集計と統計解析を通じて顧客の回答の背後にある潜在的な気持ちをあぶりだすという努力が大事である。

もちろん分析のスキルをいかに磨いても、元々ゴミのデータからはゴミしか出てこない（GIGO, Garbage in, Garbage out.）。調査設計がまさに重要であることは間違いない。それに加えて分析とその読み取りを誤らないことが必要である。特にグラフは分かりやすい反面、誤解も招きやすい危険な道具なので、そうした留意点も指摘する。

7.1 Excelによるデータの入力

アンケートを実施した後は、調査票の束が手元に得られる。Webを使ったインターネット調査などでは、データは瞬時にしてデータとして保存されるが、店頭や展示会場での調査、あるいは製品とともに配布される顧客満足度調査など、質問紙によって行われる調査もいまだ少なくはない。さて、本節では具体的なデータ入力から順を追って説明したい。

■■■ データは数字に置き換えて入力する

アンケート集計や統計解析のための専用ソフトを用いる方法もあるが、簡単な内容のアンケートであれば、Excel*を用いて集計することも可能である。その際データを集計、分析する上で注意すべき点がいくつかある。

たとえば、「あなたが興味をお持ちのジャンルをお聞かせください」といったような、顧客が興味・関心を持っている内容についての質問では、

---

*
この章で述べるExcelの機能はExcel2007に基づく。その他のバージョンでは正しい結果が得られない場合がある。

回答選択肢は、1. 音楽　2. 映画　3. スポーツ　といった項目になるだろう。最初につまずくのは、このようなデータをどのように Excel に入力すればよいかである。このようなデータは2.3節で示した用語でいえば**名義尺度**（p.25）であって、順序性も数量的な性質も持たない単なる識別子に過ぎない。ゆえにそのまま音楽、スポーツなどの単語を入力しても意味は変わらない。

　しかし、選択肢がいつもこのように簡単な単語であるとは限らない。たとえば、新しい商品やサービスに求められる要素についての質問であれば、選択肢は「1. サービスが24時間いつでも利用できること」、「2. サービスの価格がリーズナブルであること」というように、ちょっとした文章になってしまう。これをいちいち入力するのは非効率的なため、通常は「コード化」とよばれる、識別子として数字に置き換えて入力することが一般に行われる。

　よってデータは1,2,4というような数字の羅列として入力されることになる。見かけは数字でも、原点も単位も存在しないのだから「数値」としての意味はもたないことに注意したい。

■■■ 注意1　Excel は尺度の区別ができない

　ところが厄介なことに、いったん数字として入力されたデータは、Excel には名義尺度なのか間隔尺度（足し引きや平均を取ることが可能なデータ、p.25参照）なのかの区別ができず、そのため、「1. 音楽と3. スポーツの平均は2. の映画」といった無意味な計算が成り立ってしまう。注意すべきは、ソフトが自動的に入力データの尺度が区別してくれるほど賢いわけではないということである*。ソフトを利用する人間が適正に設定を行う責任を負っている。

　Excel の場合はこのように質問項目に対して尺度区分を付与する定義はできないので、入力だけでなく分析段階においても常に人間側が尺度が何であるかを意識していなければならない。

---

* アンケート集計ソフトや統計解析のソフトではこのようなことが生じないよう、それぞれのデータが四則演算可能なものか、単なる名義的な識別子なのかをユーザーが指定できるようになっている。

7.1　Excelによるデータの入力　　141

■■■ 注意2　データに適したグラフ形式の採択を

次に、アンケートデータに特有の概念として、シングルアンサー（SA）、マルチアンサー（MA）、オープンアンサー（OA）あるいはフリーアンサー（FA）というようなものがある（表7.1）。

表 7.1　アンケートのデータ形式

質問形式	略称	内容
シングルアンサー	SA	あてはまるものを一つだけ選ばせる
マルチアンサー	MA	あてはまるものをいくつでも選ばせる
リミテッドアンサー	LAn	あてはまるものをn個まで選ばせる（3つまでならばLA3と表記する）
フリーアンサー（オープンアンサー）	FA（OA）	自由に文章で記入させる
SA マトリクス		あてはまるものをそれぞれ一つ選ばせる（あてはまる／ややあてはまる／あまりあてはまらない／あてはまらない：よく外食をする、野菜をよく食べる、揚げ物をよく食べる、三食きちんと食べる）
MA マトリクス		それぞれについてあてはまるものをすべて選ばせる（朝／昼／夜／これは食べていない：ご飯、パン、肉料理、魚料理、緑黄色野菜）

第 7 章　データの集計と統計解析

シングルアンサーとは、選択肢のうち一つだけを選ばせるもの、マルチアンサーは、あてはまるものをいくつでも選ばせるもの、オープン（フリー）アンサーは、自由に内容を記述させるものである。これらの違いを分析の際に意識しておかないと、おかしな結論を導き出すことになりかねない。

　図7.1は商品の満足度とその理由を聞いた調査の集計結果である。問1についてはシングルアンサー質問なので回答割合を円グラフで表してよいのだが、問2のグラフはどこかおかしい。もとの回答の構成比を全て合計すると286%となり合計が100%を超えてしまう。この質問はマルチアンサー形式なので、回答の合計は100%にはならない。

　このようなデータは棒グラフ等で表す必要があるが、Excelはこのような不適切なグラフであっても自動的に描いてしまう。よって、どのグラフ形式を採用するかは分析者の責任において行わなければならず、これも注意が必要である。

問1：お求めになった商品にはどの程度満足いただいていますか。
　　　あてはまるものを一つお選びください。

1.	とても満足	15%
2.	満足	36%
3.	どちらとも言えない	24%
4.	不満	18%
5.	とても不満	7%

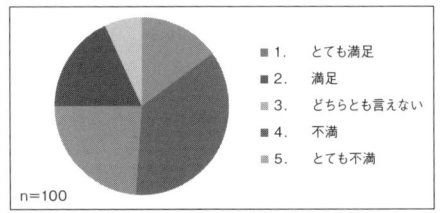

n=100

問2：全問で「とても満足」「満足」とお答えの方に伺います。
　　　どのような点についてそのように思われますか。
　　　あてはまるものをすべてお選びください。

1.	使い心地	72%
2.	デザイン	63%
3.	品質	52%
4.	価格	40%
5.	お手入れのしやすさ	35%
6.	補充の簡単さ	14%
7.	その他	10%

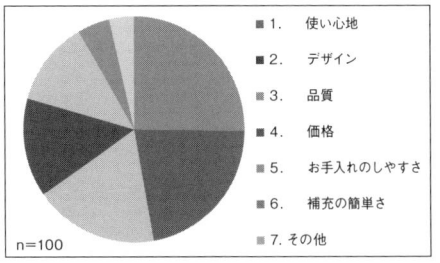

n=100

図7.1　グラフ化の間違った例

手順1　選択肢のコード化

以下、データの入力方法を手順に沿って説明する。

前項で述べたように、アンケートデータを入力する場合には選択肢の言葉そのものではなく、数値などのコード（記号）に置き換えたものを入力する。ところが初心者が作成した調査票には、選択肢番号はおろか、質問番号の記載もない、といったものも散見される。

データ入力を行う際には、質問票の項目と、Excelの表頭項目*を対応付けておく必要がある。特に入力を複数人で分担して行う場合には、後でデータをマージ（連結）させることが必要になるので、Excelの列を揃えておく必要がある。

■■■ 質問番号、質問形式、選択肢番号をつける

まず、手元に未使用の調査票を用意する。質問と選択肢にそれぞれ重複のない質問番号と選択肢番号が記載されているかを確認し、記載がない場合には連番を付ける。その際質問にはQ1、Q2というように質問番号を振っていく。場合によってはSQ2-1、SQ2-2というように枝番になっているものもあるかもしれない。そういう場合はたいてい質問紙の設計段階で番号が振られているはずである。

次に選択肢を確認し、質問番号の横にSA、MA、FAの別を記入する。この区分はExcelの列に質問番号を割り当てる際に必要となる。選択肢番号も同様に1から連番を振る。質問紙の場合は紙幅の都合で選択肢が縦横に整列していない場合があるので、縦方向、もしくは横方向にルールを決めて番号をつけていく。この作業は重要で、データ入力者がそれぞれに「縦向きに1, 2, 3」「横方向に1, 2, 3」などと勝手に解釈して入力したものが混在すると、当然のことながら正しい集計結果は得られない。

MAマトリクス形式のデータでは、この作業は特に重要である。表側を質問、表頭を選択肢番号としてコード化することも、その逆もあり得るため統一しておくことが大切である*。

---

*表頭項目
表の列の違いを示す見出し項目（表の上の項目）を表頭、行の違いを示す項目（表の左側の項目）を表側と呼ぶ。

*質問紙による回答では、SA形式の質問についても複数項目が選択されていたりする場合も少なくない。そういった場合のデータの取り扱いについては、あらかじめ対処方法を決めておく必要がある（一般的には無効回答とすることが多い）。

■■■ 限定項目の確認

　質問番号、質問形式（SA / MA 等）、選択肢番号をつけ終えたら、次は限定項目を確認する。限定項目とは、前問での回答内容に応じて回答者を限定するような質問で、"問 1 で「そう思う」とお答えの方におたずねします" というようなものである。限定項目は、必ずしも全員が回答するわけではないので、回答対象は調査対象者の全体とは異なることになる。したがって、全体を分母として平均値や比率を計算すると、実際の回答率を過小評価することになってしまう。問 1 の回答が 1, 2 の場合に対象であれば、質問番号の脇に Q1=1,2　というように記入しておくとよい。1 ～ 5 と 7 の場合が対象であれば Q1=1-5,7　など適宜工夫されたい。

```
■現在のお住まいについてお聞きします。

Q1. 現在のお住まいは以下のどれにあてはまりますか。【〇印は 1 つだけ】SA
      1．一戸建て        5．社宅・官舎
      2．マンション      6．その他集合住宅
      3．アパート        7．その他（具体的に：            ）
      4．公団住宅

Q2. お住まいの構造は以下のどれにあてはまりますか。【〇印は 1 つだけ】SA
      1．木造
      2．木造プレハブ
      3．鉄骨（S）造
      4．鉄筋コンクリート（RC）造・鉄骨鉄筋コンクリート（SRC）造
      5．その他
      6．わからない

Q3. お住まい（建物部分）はどなたの所有ですか。【〇印は 1 つだけ】SA
   ┌─ 1．自分又は配偶者の所有
   │  2．その他の家族または親族の所有 ───────→ <Q4. へ>
   │  3．賃貸（社宅・官舎を含む） ───────────→ <Q4. へ>
   │
   └ Q3-1. お住まいの購入時点の状態をお聞かせください。【〇印は 1 つだけ】Q3=1, SA
         1．新築分譲（もしくは建売り）住宅を購入した
         2．注文住宅を建てた・建替えをした
         3．中古住宅を購入した
         4．その他（具体的に：              ）

Q4. お住まいのおおよその築年数をお答えください。FA
      1．（         ）年くらい
      2．わからない
```

図 7.2　調査票の例

手順2　入力フォーマットの設計

　質問番号と選択肢番号のコーディングが終わったら次はExcelの列に割りつけていく。まずA列には必ずIDとしてサンプル番号を連番で入力する。回収した**調査票にはあらかじめ通し番号をふっておく**。これによって、入力内容に疑問が生じた場合は、いつでも原票に戻って検証することができる。

　データは1人の回答データを1行に、横方向に入力していく。これを**サンプル、ケース、あるいはレコード**等と呼ぶ。

　次に質問番号に応じてQ1、Q2というように順に列方向に割りつけていくのだが、SA項目とMA項目では割り付け方が異なる。SA項目では1つの質問につき1列を割りつければよいが、MA項目では選択肢の数（場合によりプラス1）だけ列が必要で、該当するセルに1を立てていく。プラス1というのはMA項目に一つも該当しないことを明示したい時の列となる。セルを節約することを目的として、一つのセルに1,3,6などと入力してはいけない。また、1を立てる代わりに選択肢番号を入力することも、データ集計の際に余計な手間が生じるのでよくない。

　また、「その他（　　　）」のような形式で自由記入欄を設けるような選択肢もあるだろう。この場合は、「その他」の回答があったか否かを識別する列を用意し、さらに自由記入の入力列を設けておく。

　MA項目については、質問番号と選択肢番号を合成してQ3_1,Q3_2というように入力しておくとよい。その際、サブクエッションと区別できるよう、サブクエッションはSQ2-1とし、MAの選択肢はQ3_1というようにハイフンかアンダースコアかで区別しておくとよい。また、項目が長くなることをいとわなければ"Q4：過去の利用の有無（SA）"というように、質問番号、簡略化した質問文、質問形式の別を入力しておくと、データ列が何を意味するか理解しやすくなる。

　これらの作業は、特に入力作業を外注する場合や複数人で分担する際には重要となる*。

---

*入力フォーマットの指示がなければ、MA項目をカンマ区切りで1つのセルに入力したり左詰めで入力したりするケースがあり、納品されたデータをさらに自分で加工するはめになる。

	A	B	C	D	E	F	G	H	I
1	ID	Q1:年齢(SA)	Q2:性別(SA)	Q3:同居者の有無(SA)	Q3-1_1:同居者(配偶者)(MA)	Q3-1_2:同居者(子供)(MA)	Q3-1_3:同居者(親)(MA)	Q3-1_4:同居者(その他)(MA)	Q3-1_4:同居者(その他)(FA)
2	1	2	1	0	*	*	*	*	*
3	2	3	2	1	1	0	0	0	
4	3	4	.	1	1	1	0	0	
5	4	3	2	1	1	0	1	1	.
6	5	4	2	1	1	1	1	0	
7	6	2	1	0	*	*	*	*	*
8	7	2	2	1	0	0	1	1	祖父
9					.				
10					.				
11					.				
12	100	3	1	1	1	1	0	0	
13									
14						.(ピリオド)は、欠損値(未記入の項目)であることを示す			
15						*(アスタリスク)は非該当項目であることを示す			

図 7.3 Excel への項目の割り付けの例

手順3　データの入力

Excel への列の割り付けが終われば、いよいよデータを入力していく。

回答の記入漏れや SA 項目で複数選択されているものなど不適切な回答は欠損値として扱う。そうしたデータは入力漏れではなく、欠損値であることを明示的に示すために「.」（ピリオド）を入力しておくとよい。集計の際にも AVERAGE () などの関数ではピリオドのセルは自動的に分母から除外されるので計算上の支障はない。

MA 項目では筆者の場合、非選択項目（マルやチェックのついていない項目）には 0（ゼロ）を入力し、全ての選択肢について回答がない場合にはピリオドで埋めるようにしている。これも、入力漏れではなく無回答であることを明示するためである。

【カーソル移動の裏技】

Excel の標準設定では、データを入力して ENTER キーを押すと、下のセルに移動してしまう。アンケートデータの入力では**通常横方向に入力**していきたいので、一時的に ENTER キーを押した際のカーソルの動きを変更しておく。

Excel2007 では Office ボタン→ Excel のオプション→詳細設定→ Enter キーを押した後にセルを移動する方向を「右」に変更する。これにより、データを入力し Enter キーを押せば右のセルに自動的に移動する。こうした設定が煩雑と感じるのであれば、入力後 Tab キーを押してもよい。

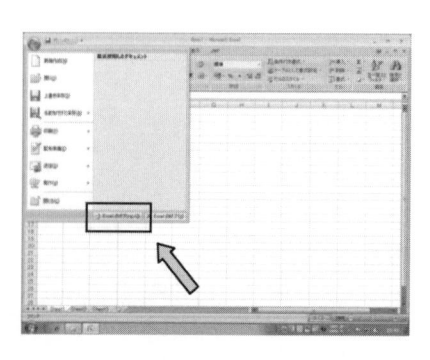

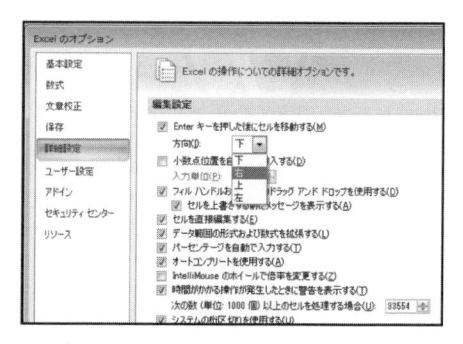

COLUMN
分母と母数

製品の満足度や政党の支持率等を100分率で表すことは日常的に行われている。このとき、「この満足度○○%の母数はいくらだね」というような質問を受けることがよくある。

そもそも「母数」とは母数空間上の固定値を示す用語であって、「分母」という意味は持っていない。「母数」とは確率変数の分布形を特徴づけるものであって、正規分布における平均と分散などがこれにあたる。

質問者の意図は、何人の回答者によって得られたものであるのかを知りたい、ということであるので、この場合は「分母はいくつか」と質問すべきである（p.247参照）。

割り付けと
ウエイトバック集計

ランダムサンプリングを行った場合に出現率が低く、サンプルサイズが非常に少なくなると予想される群（ヘビースモーカーや高額所得者、車いすの利用者など）に対して調査する場合、たとえばある商品の所有者と非所有者の意識の違いを聞きたい場合に、所有者：非所有者が5：95となってしまっては、差異を分析するには不都合である。このため、所有者：非所有者が1:1となるように票回収を計画することがあるが、これを回答者割り付け（quota sampling）という。こうすることで、これら2群の違いを統計的に吟味しやすくなるのだが、注意しておくべきことがある。

この調査を100名に対して行ったとすると、本来所有者は5名しかいないはずなのだが、対象者が拡大されて50名の所有者の意見を聴取することになってしまう。そうすると、所有者の意見が過大に評価されるため、全体平均100名の調査対象者の全体平均というものが意味をなさなくなってしまう。

これを回避するために、ウエイトバックという操作を行う。所有者では本来5名に対して50名と10倍の影響があるため、回答頻度を50で除して5倍する。同様に非所有者は50で除して95倍する。こうすることによって、本来の所有者と非所有者の構成比に基づく修正頻度を近似的に得ることができる。Excel等で簡単に検証できるので、各自確かめられたい。

手順4　データクリーニング

データ入力が終わればいよいよデータ分析、と言いたいところだが、多くの場合入力が終わった段階ではまだデータ分析に耐えられる状態にはなっていない。

■■■ データの入力ミスをチェック

まずはデータが適正な"形式"で入力されているかを確認する。データの入力ミスにはいくつかのパターンがあるが、よくあるケースは次の3つである。

①数値の入力ミス

選択肢番号をテンキーなどで入力する際、隣のキーを押してしまうというようなことで起こる。選択肢が1から5までしかないのに、6とか8が入力されている場合、明らかに範囲を超えているので検出可能だが、1と入力すべきところを2や4と入力してしまった場合には検出不可能である。

②全角・半角の変換ミス

自由記入を入力する際にはカナ漢字変換をオンにするが、続けて数値を入力する際にあやまって全角数字で入力してしまうケース。これらは、オートフィルタ*を利用すれば入力されている数字が一覧できるので、数値の範囲や全角数字のチェックが出来る。

③入力列のずれ

各項目等を横方向に入力して行く際に、入力すべきカラムがずれてしまうケースがある。1か0あるいはピリオドしか入力されていないはずのMA項目に3とか5とか、あるいは自由回答が入力されていることで検出されることが多い。このようなケースを発見した場合は、速やかにA列に入力されているIDを頼りに、原票でデータを確認する。

---

*オートフィルタの使い方
① 列番号A〜Iをクリックし、対象領域を選択する
②【ホーム】
　→【並べ替えとフィルタ】
　→【フィルタ】をクリック
③ 1行目についた▽マークをクリックすると図7.4左の窓枠が開く
④（すべて選択）の☑をクリックするとすべての☑がはずれる
⑤ チェックしたいものに☑を入れて OK

■■■ 非該当項目のチェック

次に非該当項目のチェックを行う。非該当項目は、あらかじめ「Q3-1 の回答対象者は Q3 = 1」というように調査票でチェックしているので、これを用いてデータをクリーニングする。

限定項目の親元項目（この場合 Q3）でオートフィルタを設定し、Q3 の回答が 1 以外のデータを表示させる。すると、Q3-1 以降の列に本来回答する必要がないデータが表示される。これらの回答は本来集計対象に含めてはいけないので、除外するデータとして明示するために「*」や「+」等あらかじめ決めた記号を入力しておく（図 7.4）。

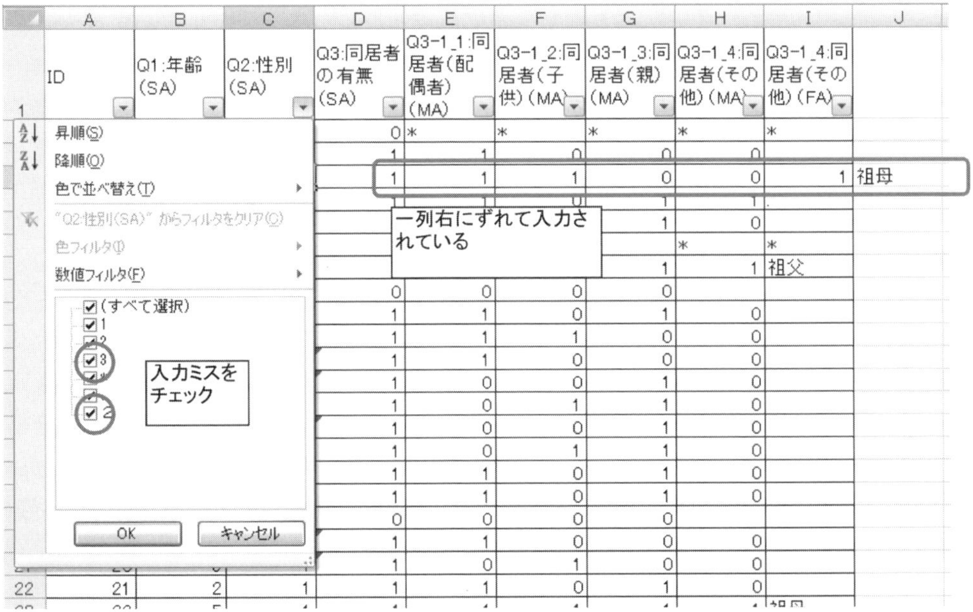

図 7.4 入力ミスのチェック

7.2 集計の基本

　アンケートデータの集計で最も簡単かつ基本的な方法は、カテゴリ番号（質問項目）ごとの数を数え上げることである。そのためにはCOUNTIF()関数を用いるとよい。図7.5に示すように、表側ID列に0からn（選択肢カテゴリの最大値）及び欠損値を示す「.」と非該当を示す「*」を入力し、これをキーにデータの個数を数え上げると、単純集計表を作成することができる。ここに表示されたデータの列の合計は必ずサンプルサイズに一致する。

　集計は、それぞれのデータの種類に応じた分析を行う必要がある。平均や標準偏差が計算できるのは、来店回数や身長、体重、年齢、家族人数といった数量を示すデータに限られる。尺度区分でいえば間隔尺度と比率尺度の場合のみ許される。居住地や性別、年代といったカテゴリを表すデータは、たとえそれを数値で入力したとしても平均点を計算することに意味がない。たとえば15歳〜19歳、20代、30代、40歳以上というように不等間隔で区切った年齢区分の場合も平均値を正確に推定することはできない。年齢は元々は数量的な量であるがカテゴリーに区分することによって等単位性の仮定を満たせなくなるからである。

　初心者向けの解説では、カテゴリデータの場合このような間違いを防ぐためやクロス集計表を容易に作成するために、1, 2形式ではなく"男性"、"女性"といった文字列で入力するよう勧めているものもある。Excelの集計機能の一つであるピボットテーブルを用いる際には、後者の形式のほうが確かに容易に集計が可能である。しかし、男性、女性など簡単な文字列ならばともかく、文字数の長い選択肢の場合には入力が煩雑になってしまう。ここでは、あくまで数値で入力し、集計後に文字ラベルに置き換える方法を勧めたい。

	A	B	C	D	E	F	G	H	I
1	ID	Q1:年齢(SA)	Q2:性別(SA)	Q3:同居者の有無(SA)	Q3-1_1:同居者(配偶者)(MA)	Q3-1_2:同居者(子供)(MA)	Q3-1_3:同居者(親)(MA)	Q3-1_4:同居者(その他)(MA)	Q3-1_4:同居者(その他)(FA)
2	1	2	1	0	*	*	*	*	*
3	2	3	2	1	1	0	0	0	
4	3	4	.	1	1	1	0	0	
5	4	3	2	1	1	0	1	1	.
6	5	4	2	1	1	1	1	0	
7	6	2	1	0	*	*	*	*	*
8	7	2	2	1	0	0	1	1	祖父
100	99	4	1	1	0	0	1	0	
101	100	5	1	1	1	0	1	0	
102									
103	*	3	4	0	2	2	2	2	7
104	.	0	1	0	0	0	0	0	1
105	0	0	0	14	40	57	37	81	0
106	1	20	53	86	58	41	61	5	0
107	2	23	43	0	0	0	0	0	0
108	3	16	0	0	0	0	0	0	0
109	4	20	0	0	0	0	0	0	0
110	5	18	0	0	0	0	0	0	0

=COUNTIF(C2:C101,A103)
C2:C101の範囲にある1（A106で指定）の数を数える

図7.5　COUNTIF（）関数による集計

■■■ 単純集計

A）数量データの場合

　来店回数や商品の購入回数等の数量を示すデータは、平均や標準偏差（データのばらつきを表す統計量）を計算することができる。表7.2に主なExcelの集計用関数を示す。

　Excelの関数は、集計対象となるデータ列を引数として与えることで自動的に計算が行われる。

　また、Excelの「分析ツール」を用いることで、さらに詳細な基本統計量を求めることができるが、本章の範囲を超えるのでここではふれない。

B）カテゴリデータの場合

　性別や年代といったものは、それぞれのカテゴリの回答数を数え上げればよい。これは前述のCOUNTIF()関数やピボットテーブルを用いて集計する。繰り返しになるが、ここで入力されている数字は、数量ではなくあくまでカテゴリを示す記号なので、四則演算を行ってはならない。四則演算を指示すれば計算結果は出るが、計算結果が出たからといって、計算に意味があることを示すわけではない。

■■■ クロス集計

　クロス集計とは、2つ以上の質問項目の回答内容を組み合わせて、回答者属性ごとの反応の違いを見るような場合に用いる。（図7.6）

　このような集計を行う場合には、Excelのピボットテーブルを利用するのがよい。集計したい項目のペアを選んでテーブルにドロップするだけで、集計が行われる。ただし、この例の場合、表頭、表側の数字が何を示すのかが明示されないため、レポートなどに転記する際には数字と選択肢の内容の対応付けを行っておく。この際にVLOOKUP()関数を用いると素早く変換ができる。

表 7.2　アンケート集計・分析で利用する主な Excel 関数

関数	内容
COUNT（）	数値を含むセルの個数を数える
COUNTIF（）	ある範囲に含まれるセルのうち、指定された単一の検索条件に一致するセルの個数を返す
SUM（）	セル範囲に含まれる数値をすべて合計する
SUMIF（）	指定した範囲内の値のうち、指定した条件を満たすものを合計する
AVERAGE（）	引数の算術平均を返す
AVERAGEIF（）	範囲内の条件に一致するすべてのセルの平均値（算術平均）を返す
VAR（）	引数を正規母集団の標本と見なし、標本に基づいて母集団の分散の推定値（不偏分散）を返す
STDEV（）	引数を正規母集団の標本と見なし、標本に基づいて母集団の標準偏差の推定値を返す
VLOOKUP（）	指定された範囲の 1 列目で特定の値を検索し、その範囲内の別の列の同じ行にある値を返す。カテゴリー番号を選択肢の言葉に置き換えるような場合に用いる

データの個数 / ID	Q1:年齢（SA）						総計
Q2:性別（SA）	1	2	3	4	5	*	
1	10	15	7	11	10		53
2	9	8	8	7	8	3	43
*	1		1				3
.				1			1
総計	20	23	16	20	18	3	100

図 7.6　ピボットテーブルによる集計の例

■■■ クロス集計の際の MA データの取り扱い

　MA データを Excel を用いて集計する際には注意しなければならない点があり、初めてアンケート集計にチャレンジする初心者がつまずきがちなところでもあるので詳しく述べておきたい。

　MA データは選択肢の数だけ列を用意し、反応があった（回答にマルをつけた）ところに 1 を、それ以外のところは 0 を入力してあるはずである。単純集計であれば、これを COUNTIF（）関数あるいは SUM（）関数で 1 の数を数えればよいのだが、クロス集計を行う際には工夫が必要である。アンケート集計向けに設計された集計ソフトと Excel による集計の違いは、この MA データのクロス集計にきちんと対応できているか否か、といっても過言ではないだろう。とはいえ、Excel でも以下の点に留意して、手間を惜しまなければ十分対応できるので安心してほしい。

　MA データをクロス集計するには SA と同様に SUMIF（）関数を使うとよい（COUNTIF（）関数は使用できないので注意）。

　まず初めに、SA データと MA データのクロス集計を考える。SA データを表側、MA データを表頭として集計したい場合には SA データの単純集計の場合を拡張して考えればよい。

　Q1 が SA で Q2_1〜5 が MA の選択肢とする。Q1 がもっとも行きたい観光地を 3 つの中から選ぶ、Q2 はその理由を 5 つの中からいくつでも選ぶ、といったケースがこれに相当する。

　この場合は Q1 の列を検索条件範囲に設定し、選択肢の番号を検索条件に、Q2 の MA 項目を合計範囲として設定する。

　表側が MA の場合も同様に表側項目に 1 が立っているかどうかを条件にして表頭項目をカウントすればよい。具体的には図 7.7 を参照されたい。

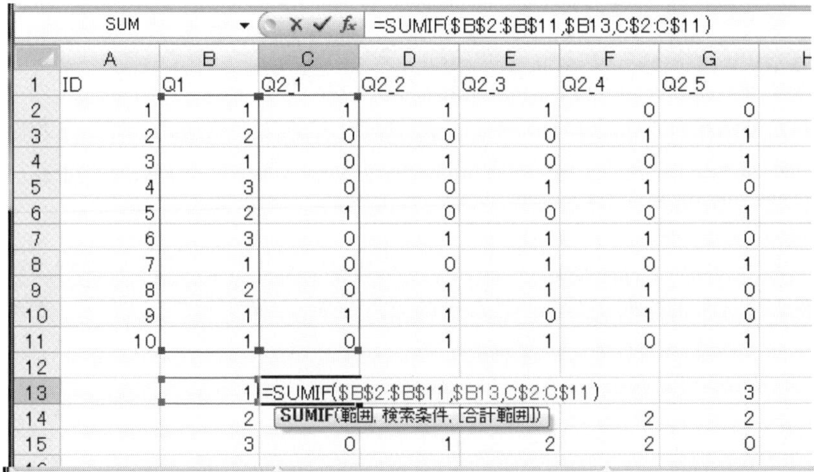

SUM | =SUMIF($B$2:$B$11,$B13,C$2:C$11)

	A	B	C	D	E	F	G
1	ID	Q1	Q2_1	Q2_2	Q2_3	Q2_4	Q2_5
2	1	1	1	1	1	0	0
3	2	2	0	0	0	1	1
4	3	1	0	1	0	0	1
5	4	3	0	0	1	1	0
6	5	2	1	0	0	0	1
7	6	3	0	1	1	1	0
8	7	1	0	0	1	0	1
9	8	2	0	1	1	1	0
10	9	1	1	1	0	1	0
11	10	1	0	1	1	0	1
12							
13		1	=SUMIF($B$2:$B$11,$B13,C$2:C$11)				3
14		2	SUMIF(範囲, 検索条件, [合計範囲])			2	2
15		3	0	1	2	2	0

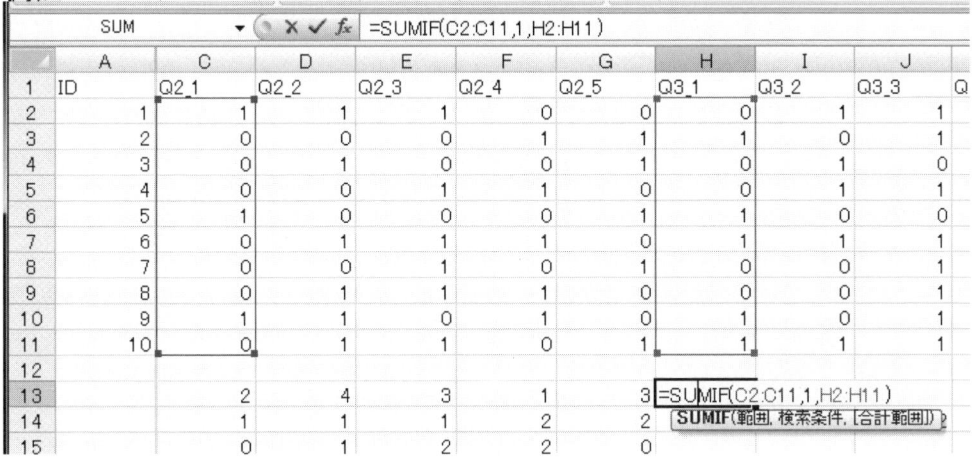

SUM | =SUMIF(C2:C11,1,H2:H11)

	A	C	D	E	F	G	H	I	J
1	ID	Q2_1	Q2_2	Q2_3	Q2_4	Q2_5	Q3_1	Q3_2	Q3_3
2	1	1	1	1	0	0	0	1	1
3	2	0	0	0	1	1	1	0	1
4	3	0	1	0	0	1	0	1	0
5	4	0	0	1	1	0	0	1	1
6	5	1	0	0	0	1	1	0	0
7	6	0	1	1	1	0	1	1	1
8	7	0	0	1	0	1	0	0	1
9	8	0	1	1	1	0	0	0	1
10	9	1	1	0	1	0	1	0	1
11	10	0	1	1	0	1	1	1	1
12									
13		2	4	3	1	3	=SUMIF(C2:C11,1,H2:H11)		
14		1	1	1	2	2	SUMIF(範囲, 検索条件, [合計範囲])		
15		0	1	2	2	0			

図 7.7　SUMIF（）関数による MA データのクロス集計の例

7.3 グラフによるデータの可視化

　集計によって得られた数表は、グラフに表すことで様々な示唆を得やすくなる。Excelではデータ範囲を指定してグラフの作成ボタンを押せば簡単にグラフが作成できるが、前述の通りデータの意味するものを理解したうえで作成しないと、データの可視化によって、かえって誤った結論を導きかねない。ここでは、基本的なグラフの描き方と留意点を確認しておきたい。

　グラフを作成する際、Excelでは指定しない限り表示されないという理由から書き洩らしがちないくつかの項目がある。図7.8にそのチェックポイントを示すので参考にされたい。

A）円グラフ

　円グラフは、データ要素の構成比を端的に表すもっとも基本的なグラフといえる。円グラフが表現できるのは全体を100%とした時のその構成要素の100分率なので、MAデータのように、足し合わせると100%を超えるようなデータを円グラフで描いてはならない。もちろんExcelに円グラフを描かせればいくら無意味でも機械的に円グラフを描いてしまう。誤解を与えるグラフ表現にストップをかけられるのは人間だけだ。

　円グラフでは、構成要素に順序的な意味がない場合は、構成要素の比率が大きい順にならべて作図するとよい。要素に順序がある場合、（たとえば　購入したい、どちらかといえば購入したい、などの順序性がある場合）はその順番を維持して並べる。また、表す要素の数は最大でも6〜8程度にとどめ、これを超える、ウエイトの小さい項目や特に強調する必要のない項目は「その他」としてまとめておく。

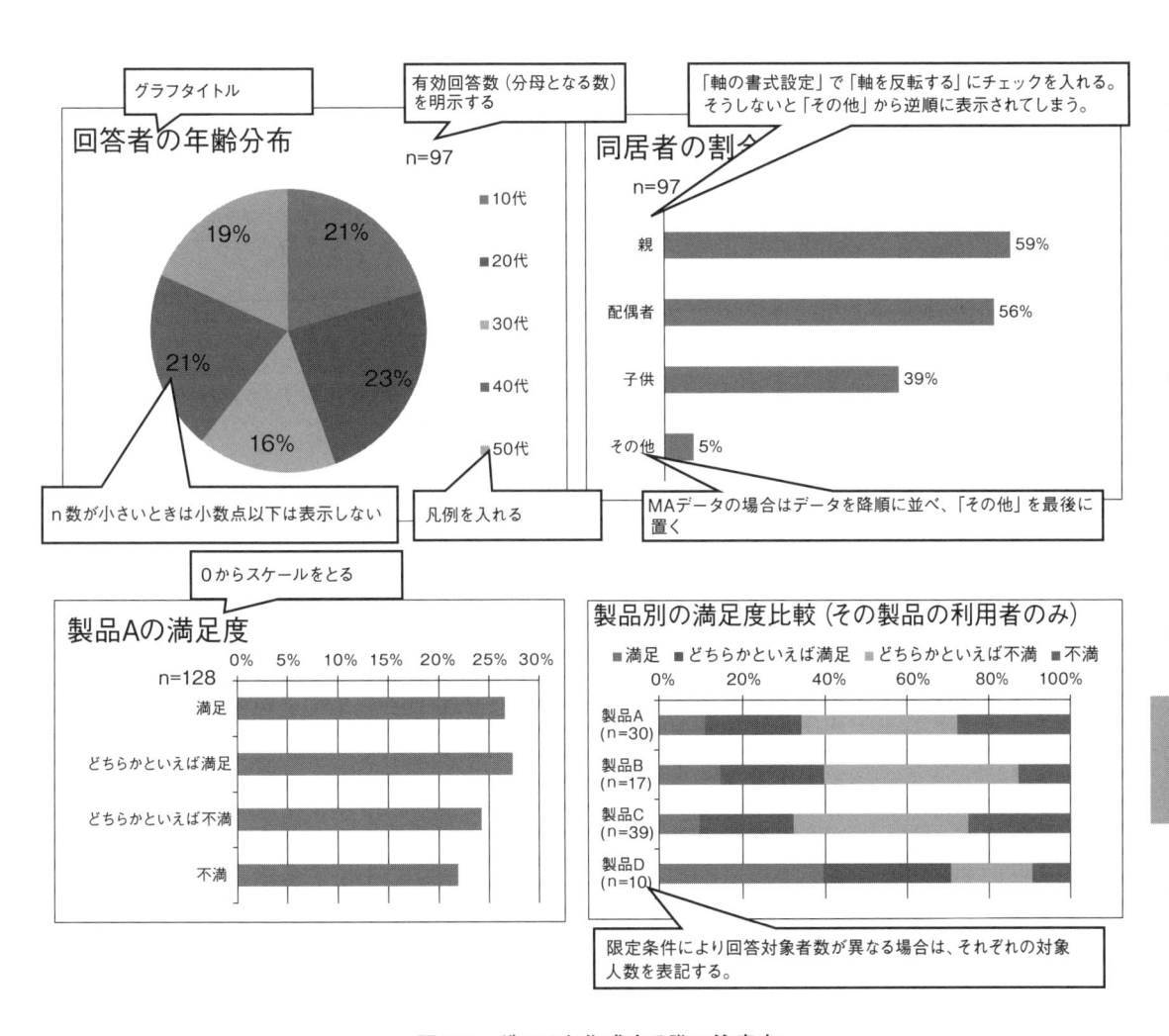

図 7.8　グラフを作成する際の注意点

B）棒グラフ

　棒グラフは、データの構成要素間の相対的な違いを比較するのに適したグラフであり、MAデータのようにその反応の合計が100%を超えるようなデータを扱うのに適している。棒グラフで読み取ることができるのは、それぞれの項目の頻度や強度と、その項目同士の比較である。アンケートデータでは、選択肢項目をグラフ中に表記する際のレイアウトの関係で、横棒グラフを使用することが多い。また、次に示すように、クロス集計データをグラフ化する際には横帯グラフが用いられることが多いため、横棒や横帯グラフに統一しておくほうが比較しやすくなり、全体の見通しが立てやすくなる。

C）帯グラフ

　帯グラフは、クロス集計データをグラフ化する際に多く用いられる。帯の1つ1つは、クロス集計の表側項目を表し、帯の各系列の長さは表頭項目の構成比を表す。表側項目は、回答者の属性たとえば性別や年代などの層を表し、表頭は選択肢ごとの反応の大きさを表すので、これにより、男女で「とても好き」の割合が異なるか、とか、年代が増すごとに「買いたい」の割合が増す、といった層ごとの反応の違いを可視化することができる。慣用として、表側には原因となる（と思われる）項目、表頭にはその結果引き起こされる（と思われる）項目を置く。上述の例では、性別が原因系、好き嫌いの反応が結果系の項目と考えるのが自然であろう。ほかにも、年代別の商品購入頻度、個別の機能の満足度と総合評価、商品の満足度と推奨意向、来店目的とサービスの満足度等の関係がこれに相当する。

　しかし、こうした因果関係を想定しにくいケースなどもあるため、表頭と表側を入れ替えたり、別の層別変数を用いて集計してみるなどの試行錯誤を繰り返すことが大切である。

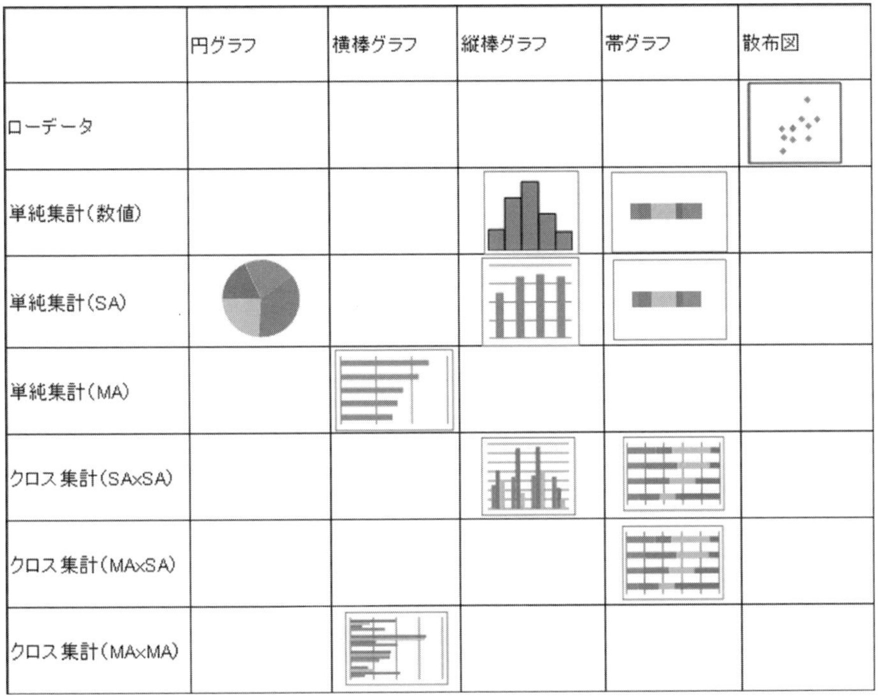

	円グラフ	横棒グラフ	縦棒グラフ	帯グラフ	散布図
ローデータ					(散布図)
単純集計（数値）			(ヒストグラム)	(帯)	
単純集計（SA）	(円グラフ)		(縦棒)	(帯)	
単純集計（MA）		(横棒)			
クロス集計（SA×SA）			(縦棒)	(帯)	
クロス集計（MA×SA）				(帯)	
クロス集計（MA×MA）		(横棒)			

図 7.9 さまざまなグラフの例

D）折れ線グラフ

　折れ線グラフは、データの時系列的な変化を示す場合に適している。この場合のx軸は日月年等の時点を示す連続変数となり、時点の変化に伴って反応がどのように変化するかを示すものである。注意すべきことは、x軸の間隔を時間の単位に合せて等間隔に取っておかないとデータの増減を正しく読み取ることができない。アンケートデータでは、このような連続量を扱うことは、継続調査（毎月、毎年定点観測で同じ項目を調査するもの）を除けばまれで、本来の時系列変化を示すために折れ線グラフが用いられることはほとんどないといえるだろう。

　アンケートデータで折れ線グラフが用いられる、もっとも多いと思われる例は、重ね合わせグラフである。重ね合わせグラフは、棒グラフと折れ線グラフを重ね合わせて2つ以上のデータのふるまいを、読み取りやすさを損なうことなく示すことができるように工夫されたものである。

　たとえば棒グラフで、あるサービスの地域別の利用者数を示し、これに重ねて地域別のその満足度を同時に表す、というような場合に用いられる。

　この場合、利用者数と満足度という、単位の異なる2つの情報が同時に示されることになるので、そのスケールの取り方によってはグラフ化から受ける印象が異なり、データの解釈が違ってくるということが起こりうる。スケールの取り方によるこのような印象の違いは、データの読み取りにも影響するため、注意が必要である。これについては次節で触れる。

　なお、図7.9に、集計データの形式ごとに、よく使われるグラフの対応を示す。

7.4 データの視覚化に起因する誤解

　グラフによってデータを視覚化することは、データの読み取りにおいて様々な示唆を得られる反面、誤った解釈という副作用を誘発する可能性も持っている。

　図 7.10 のグラフ A,B は、同じデータを 2 つの異なるスケールでグラフ化したものである。以下を読む前にデータを眺めてそれぞれのグラフから何が言えるかを解釈してみてほしい。

　A と B を見比べると、それぞれ得られる印象が異なるのではないだろうか。A では「満足」「どちらかといえば満足」と答えたものと、「不満」「どちらかといえば不満」と答えた割合にさほど差がないような印象を受けるが、B では明らかに満足度が高いと解釈しがちである。

　このようにグラフの描き方次第で、報告者の都合のよいようにデータを印象付けるよう誘導することも可能かもしれない。こうした裏テクニックを悪用することは厳禁だが、読み誤らせないテクニックとして知っておくことは重要である。

　図 7.8 と図 7.10 を参考に、少なくとも次の点はチェックしてほしい。

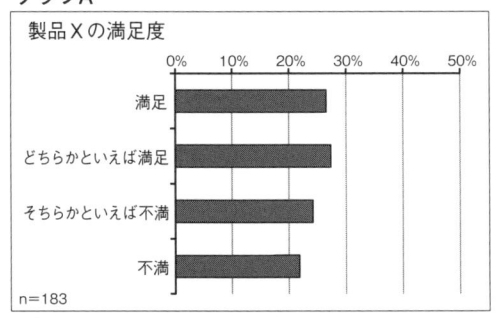

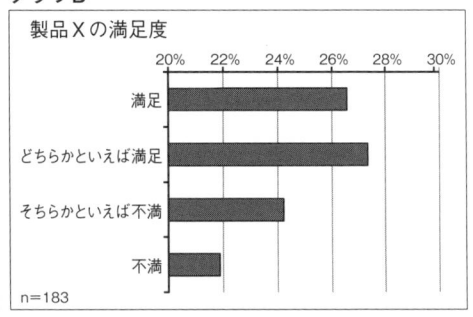

図 7.10　グラフの解釈の例題

> **データの視覚化におけるチェック事項**
>
> ① グラフの種類は適切か（特に円グラフでは注意）
>
> ② 比率のデータの場合はn数（分母はいくつか）を明示する
>
> ③ グラフのスケール
> - 0から始まっているか
> - 単位は明示されているか
> - 複数の同じようなグラフが並んでいる場合、それぞれのスケールはそろっているか
> - 折れ線グラフの x 軸の間隔は適切か

COLUMN
$α$（アルファ）

　推測統計では $α$ という判定値が出てくるが、これは有意水準とか危険率などと呼ばれる。有意水準（significance level）とは、仮説検定における棄却域をどの大きさに定めるかという水準であり、調査では 0.05 とか 0.01 という水準が用いられる場合が多い。

　有意水準は仮説を棄却する判定に使うのだが、本来は正しい帰無仮説 H_0 を誤って棄却してしまう危険が最大で確率 $α$ で起こりうるために危険率とも呼ばれているのである。このエラーを第1種の過誤と呼んでいる。

　一方で、棄却域に入らない確率（$1-α$）は信頼度と呼ばれ、「信頼度95％」というように表現される。しかし危険率と混乱して「危険率95％」と恐ろしいことを述べる方もおられるが、完全な誤りである。統計概念の意味を正しく理解して用語を使ってほしい。

　最近では、$α$ で白黒決めてしまうのではなく、検定統計量の有意確率（p値）で結果を表現すべきという立場もある。そもそも棄却域の設定はサンプルサイズに依存するので、大規模な調査であればほとんどの帰無仮説は棄却されてしまう。2グループの平均値の差がわずか 0.01 で実質的にはどうでもよい差であっても、サンプル数が巨大であれば、「両者は等しいとは言えない」という結論になってしまう。従って p 値が 0.05 より小さければ有意だと決めつけるのではなく、どれくらい稀な現象かを見て、分析者の解釈に自由度を持たせようという考えである。恣意的な解釈は困るがデータに対して向かい合う姿勢としては共感できる。

7.5 統計的なデータの解釈
～サンプルサイズの違うアンケート結果の比較～

■■■ ある日の結果報告で…

アンケートデータを集計し、グラフを描いてレポートを作成した後には、おそらく上司が結果報告を待ち構えているだろう。

読者：「わが社の製品Aに対する満足度は76.2%であり、競合の製品Xの69.9%に対して6.3%上回っております。グラフ1をご覧ください…」。

（しかし、ここで水をさすように上司の質問を受けるかもしれない。）

上司：「ところで、その6.3%の差は統計的には差（有意差）があると言えるの？」

さてここで考えていただきたい。この場合この6.3%の差をもって、製品Aが競合の製品Xよりも優れていると結論付けてよいのだろうか。答えは「OK」の場合も「NO」の場合もあり得る。それは、このデータがいったい何人からの回答に基づくものかで解釈が異なるのである。統計的な推定、検定は専門書に譲るとして、ここではアンケートの初心者がこうした質問に答えられるようにする際に知っておいて欲しい簡便な方法を紹介する。

COLUMN
統計手法

上記の例のように、製品Aと製品Xの支持率（たとえば、「満足」と「どちらかといえば満足」を合計した割合）を統計的に考えてみよう。

統計の教科書では、このような場合は**母比率の差の検定**とか、サンプル数が少ないケースでは**フィッシャーの正確確率検定**といわれる手法を用いる、と書いてあるだろう。少なくとも公式にのっとって統計量を計算し、その統計量が基準値より大きければ有意差がある、と判定するだけの極めて単純な方法なのだが、この公式がほんの少し複雑なためにアレルギーを起こしてしまう人も多い。しかし、興味を持った方はぜひ専門書を手にとってみてほしい。

■■■ 2つの信頼区間を比べる（信頼区間の読み方）

　製品Aが76.5%の満足度を取った今回の調査であるが、信頼性はどれくらいあるのだろうか。別の対象者にもう一度同じ調査をやってみると、はたして同じ結果になるだろうか。何度か調査をすれば、そのたびに結果がばらつくであろうことは予想できよう。

　信頼区間とは、このようなばらつき具合を予測するための統計的な考え方の基本である[*]。信頼区間の算出法は右ページを参照されたい。

　さて、計算の結果、製品Aの信頼区間は71.1〜81.4%、製品Xは63.3〜76.6%となった。その結果、製品Aの満足度の取りうる下限は71.1に対して製品Xの上限は76.6となり、もう一度調査を行うと製品Aと製品Xの満足度が逆転することがあり得る、ということが分かる。よって今回の調査では、

> 製品Aの満足度は製品Xのそれよりも高い、とはいえない

という結論になる。

[*] 「真の支持率は○%〜○%の間にあるだろう」という予測（信頼区間）を、支持率のデータとサンプルサイズから計算することができる。

COLUMN サンプルサイズのマジック

　右ページⒶ式を見るとわかるように、調査の対象者数nを増やせば信頼区間の幅はどんどん狭まる。もし、これがn=1000ずつの調査結果であれば有意差があるという判断になる。それなら、サンプル数はどう決めたらよいのか。事前に有意差を保証するサンプルサイズの設計は困難である。ただサンプルサイズを大きくして有意差を出すことを調査の目的にするのではなく、まずはマーケティング・ディシジョンに役立つ情報を引き出せるかを優先して、限られたコストの中でサンプルサイズを大きくして調査の設計をするべきである。

　本書の3.3節では推定と検定に関する原理的な解説がなされているが、推定や検定を用いさえすれば科学的に厳密な言明ができるというのは、ただの誤解にすぎないと結論づけられている。本節で述べた統計的解釈は理論的に厳密ではないにせよ、集計結果に差があるのか否かについて実務的な目安としては役立つものである。

<信頼区間の算出法>

今回のケースを今一度整理しよう。実際にはこのデータは以下のようになっていた。

製品 A 「満足」と回答 202 名　満足率　76.2%　有効回答数 265 サンプル
製品 X 「満足」と回答 128 名　満足率　69.9%　有効回答数 183 サンプル

① まずは製品 A の支持率の信頼区間を考える。

その前に準備として「有意水準（α）」というものを決める必要がある（p164 参照）。これは統計の手続きでは必ず必要なものなので我慢していただきたい。通常は α=0.05 と覚えておけばよい。もしかすると「5%有意で」という言葉を聞いたことがあるかもしれないが、それはこの分析精度をどれくらいに設定するか、という決めごとである。5%有意とは「20 回同じ調査をやったら 1 回は予測範囲から外れるくらいの精度」という意味であり、通常のアンケートでは、これで十分である。

② 次に求めるべきは次の式である。

$$\hat{P} \pm 1.96 \times \sqrt{\frac{\hat{P}(1-\hat{P})}{n}} \qquad \cdots\cdots\cdots Ⓐ$$

$\hat{P}$：得られた比率（ここでは 0.762）
1.96：両側検定の α=0.05 に対応した標準正規分布の臨界値
n：サンプルサイズ

③ 実際に計算してみると、

$$0.762 \pm 1.96 \times \sqrt{\frac{0.762(1-0.762)}{265}}$$

より 0.711 と 0.814 となり、信頼区間は 71.1 ～ 81.4% の間と推定できる。
同様に製品 X について求めると信頼区間は 63.3 ～ 76.6% となる。

COLUMN
両側検定と片側検定

　平均の差についての検定（t 検定など）を行う際によくある質問が、「両側検定と片側検定のどちらを使うべきか？」というものである。この問題については、意見が分かれるところであるが、筆者は「両側検定」を薦めている。

　片側検定は、①A群の平均とB群の平均に順序関係があると予め仮定できる場合や、②A群（対象群）の平均に対してB群（処置群）の平均が大きい、すなわちa＜bであることを検定したい場合に用いる、とする解説書が多くある。しかし、①のように順序関係があることは仮定に過ぎず、仮定の逆順となることを必ずしも否定できない。また②のようにa＜bであることを採択したいために片側検定を行うと、a－b＜0の方向での棄却域が広がる。棄却されやすいからという都合で片側検定を採用するのはもってのほかである。

　いずれにせよ片側検定は帰無仮説 a=b を棄却しているのであって、対立仮説の如何にかかわらないという、ややこしい話になってしまう。少なくとも、こうした議論にきちんとした回答が出せない初心者には、両側検定をお薦めする。

カイ二乗検定での採択と棄却

　カイ二乗検定（Chi-square test）は、独立性の検定や適合度検定などカイ二乗分布に従うとみなされるデータの検定に用いられているが、初心者には解釈の誤りが多く見られるので解説しておきたい。

　t 検定などでは、検定統計量 t の確率分布が t 分布に従うことを利用して、それが棄却域に入っているかどうかで検定する。この場合あくまでその検定統計量が取りうる確率pが有意水準$α$に対して小さければ、すなわち p＜$α$ であれば帰無仮説を棄却し有意差があると判断する。

　一方で、独立性の検定では分割表の期待値との差から検定統計量 $χ^2$ を求め、その値が自由度nの確率 0.05 に相当するχ二乗値と比較し、$χ^2 > χ^2_{0.05}$ であれば帰無仮説を棄却する、というような手順を紹介する解説書が多くある。この場合、比較しているのはあくまでχ二乗の値であって、確率pを比較しているわけではないので、採択の場合の不等号の向きが逆になってしまうためにこうした混乱が起こっているのかもしれない。カイ二乗検定では、χ二乗値の比較ではなく統計量 $χ^2$ のとる確率を見るようにしたい。

朝野熙彦

第8章
統計モデル

POINT

● 重回帰分析は関心のある一つの変数を複数の変数から説明するモデルである

● 重回帰分析の基準変数は間隔尺度か比率尺度でなければならない

● 重回帰分析の原理はピタゴラスの定理にしたがう分散の分解である

● 説明変数のウェイトは標準偏回帰係数の二乗の構成比で評価する

● 変数 X,Y の相関が高いからといって X を大きくすれば Y が大きく出来るとは言えない

産業界では、製品の魅力が感性的魅力からもたらされるのか、それとも性能面からもたらされるのか?というような因果関係を知りたいというニーズが強い。本章では、原因と結果の関係を推定するための重回帰分析（multiple regression analysis）を紹介する。重回帰分析のイメージがつかめて自分で分析が実行でき、分析結果が読めることを本章の目標にしたい。そのためには統計量について多少の知識が必要になる。本章の補足でベクトルと線形モデルを用いて分散、共分散、相関係数を解説するが、そんなことは分かっているという人は読まなくて構わない。8.1節では重回帰分析をExcelを使って自分で実行してみる。8.2節では重回帰分析とは一体何をしているのかというロジックを理解する。産業界で重回帰分析を利用する目的の一つは、何らかの現象に及ぼす下部要因のウェイトを知ることにある。では重回帰分析では要因のウェイトをどのように評価したらよいのだろうか？　それが8.3節のテーマである。

8.1 Excel で重回帰分析

7章で紹介したクロス集計では多数の変数間の関係を明らかにすることが難しい。そこで本章では重回帰分析で変数間の関係を分析することを考えよう。

重回帰分析とは、複数の説明変数によって分析者が関心を持つ一つの基準変数を予測する式を推定する方法である。ただし分散と共分散を用いるモデルなので、分析に使う変数は単位が存在する間隔尺度か比率尺度でなければならない。該当か非該当かの2値の場合に限って名義尺度を説明変数に用いることがあるが、2値データについては量的な変数と同じ意味での統計的推論はできないという問題がある。複数カテゴリーの名義尺度と順序尺度のデータを基準変数にして重回帰分析することは明確に誤りである。重回帰分析は多変量解析と呼ばれる方法群の基礎をなすモデルであり、実務でも頻繁に利用されている。小さな数値例をもとにこのモデルがどのような理屈で組み立てられているのかを見ていこう。

Example 1

ホテルの顧客は人的サービスと設備グレードのどちらから満足を感じているか

■■■ 顧客満足の分析データ

旅行者はいろいろなホテルに泊まって、従業員の人的サービスや設備面に対して時には感動し、時には不満をいだく。ホテルへの顧客満足度はホテルの様々な要因を総合化して定まると想定しよう。この想定はそう無茶なものではないだろう。さて競合するA, B, C, D, Eの5つのホテルに対する顧客アンケートをしたとする。人的サービスについては7段階の評定尺度、顧客満足度と設備グレードは小数点つきの10点法で評点したとしよう。このように重回帰分析では評定尺度と評点法が混在したまま分析しても差し支えない。なお評定尺度を使う場合も、すべての尺度を同じ段階数に統一する必要もない。

表 8.1 分析データ

	A	B	C
1	顧客満足度(Y)	人的サービス(X1)	設備グレード(X2)
2	3	3	0.5
3	2	1	1.5
4	0	0	-0.5
5	-1	-1	0
6	-4	-3	-1.5

COLUMN
平均偏差化

実は原データのままでも重回帰分析にかけられるのだが、本章では統計モデルを簡単に理解するために、すべての分析データを平均0に移動しておく。2.3節で述べたように間隔尺度の場合は0点をどこに置いても情報は不変であった。各変数ごとに原データからそれぞれの平均値を引くことで、表8.1のようにすべてのデータが合計が0、従って平均も0のデータに変換される。この操作を平均偏差化と呼ぶ。平均偏差 (deviation) データに変換しておくと、各ホテルが平均以上なのか以下なのかが符号の正負を見るだけで分かるという都合の良さがある。

さてマーケティング上関心があって、予測したいのは顧客満足度であり、これを英字のYで略記する。予測に使う情報は人的サービスと設備グレードに対する評価で、それぞれX_1, X_2で表そう。

重回帰分析では、このYのことを**基準変数**、X_1とX_2を**説明変数**と呼ぶ。Excelのシートでは説明変数Xと基準変数Yのどちらを先に配列しても構わない。しかしExcelを使って重回帰分析をするのであれば、表8.1で影をつけたように説明変数のデータは一つのブロックにまとめて配列する必要がある。Y, X_1, X_2以外に氏名や性別や年齢のような分析に使わない変数がデータ行列に混じっていても差し支えない。

もちろん顧客満足度を決定する要因はX_1, X_2の2つだけとは限らない。もし調査できるならさらに説明変数を$X_3, X_4, \cdots$と増やしても構わない。しかし説明変数の数は、（データ数 − 1）未満という理論上の上限がある。今の例ではホテルの数が5つだったので、説明変数の数は最大でも、3つ以下にしたい。Yを重回帰分析で予測するためのモデル式は次の通りである。cは定数である。

$$\hat{Y} = c + b_1 X_1 + b_2 X_2 \qquad \cdots\cdots\cdots ①$$

①のような重みづけ合計によって$\hat{Y}$を導くモデルのことを線形モデル（linear model）と呼ぶ。Xが大きな値をとるにつれて$\hat{Y}$も直線的に変化する、そういう直線的な関係を表したモデルなので線形モデルと呼ぶのである。もちろん世の中の現象の間には厳密に比例するという関係はまれだろう。しかし概ね比例に近い関係があるなら、線形モデルを使うことを許してもらえるのではないか？　という謙虚な姿勢が大切だ。①の数式を見るといかにも厳密な論議をしているように見えるかもしれない。しかし現実はそんなに単純なものではないはずだ。

さて①の$\hat{Y}$を予測値とかモデル値と呼ぶ。そして実測値のYとのズレを次式で表す。

$$e = Y - \hat{Y} \qquad \cdots\cdots\cdots ②$$

e のことを**残差**（residual）と呼ぶ。この残差が小さくなるように説明変数への重みと、定数 c を推定しようとするのが重回帰分析である。b_1, b_2 は正式には**偏回帰係数**（partial regression coefficient）というのだが、ときには偏を省いて回帰係数と略称することがあるし、回帰パラメータとか単に係数などと呼ぶこともある。すべて同じものを指しているのだが、統計学のテキストやソフトによって表記が異なるため、ユーザーを混乱させることになる。さて定数と偏回帰係数をどうやって求めたらいいのだろうか。ともかく数字を出してみよう。

■■■ Excel の使用法

重回帰分析を実行するには様々な手段がある。主な手段は、
1) 商用の統計ソフトを使う
2) Excel についている分析ツールを使う
3) Excel のソルバーを使う
4) Excel の関数の挿入（数学/三角）に入っている MINVERSE 関数と MMULT 関数を使って重回帰分析のステップを追いながら計算する
5) 適当なフリーのソフトを使う
6) 適当なエンドユーザー言語を使って自分で重回帰分析をプログラミングする

の6つである。初心者にとって一番簡単なのは1）である。商用ソフトはさすがにユーザーフレンドリーに出来ているので気持ちよく重回帰分析が実行できる。1）から6）へと段階が進むほど敷居は高くなる。しかし苦労するかわりに重回帰分析への理解が深まるので一長一短である。本書はデータ解析の未経験者を対象にしているので、2）で取り組んでみよう。

Excelで説明変数が1つだけの単回帰分析ができることはよく知られているが、重回帰分析もできることはあまり知られていない。

1) 分析準備（最初の一回だけ）

・Excel 2007 なら Office ボタン、Excel 2010 ならファイルのタブをクリックする
・Excel のオプションを選択⇒アドインを選択⇒管理を Excel アドインに選択
・設定ボタンをクリックして「分析ツール」にチェックを入れる
・OK を押す

以上で分析準備が出来た。表8.1の分析データを Excel のシートに入力しておく。

2) 分析ツールから回帰分析のメニューを開く

Excel にはデータタブがあって、そのリボンの「データ分析」をクリックすると「分析ツール」の一覧が出る。「回帰分析」をクリックすると図8.1のメニューが出てくる。見出しには重回帰分析とは書かれていないが、これで重回帰分析が実行できる。

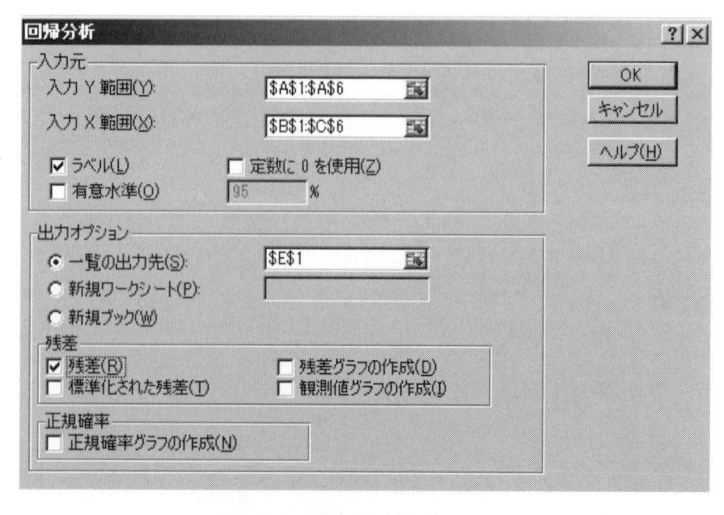

図8.1　回帰分析のメニュー

3）分析モデルを指定する

　表 8.1 では基準変数 Y のデータが $A$1:$A$6 に入っている。Y の範囲を直接入力するよりも図 8.1 の「入力 Y 範囲（Y）」のテキスト・ボックスをクリックしてからシートの該当範囲をマウスでドラッグして指定する方が楽である。変数名も含めた方が分かりやすい。同様に説明変数 X の範囲は $B$1:$C$6 となる。表 8.1 では説明変数は 2 個であったが、Excel の仕様上は説明変数は何百個あっても差し支えない*。

*
ただし「（データ数－1）＞説明度数の数」とすること。

　図 8.1 では変数名を含めて入力範囲を指定したので「ラベル」のボックスにチェックを入れておく。「一覧の出力先」というラジオボタンを選択して入力欄をクリックした後、同じシートで分析データと重ならないセルを適当にクリックすれば分析結果を出力する位置が定まる。その他のオプションは必要に応じて選択すればよい。図 8.1 では「残差」にチェックを入れた。以上で分析モデルの指定が済んだので、「OK」をクリックすれば重回帰分析が実行される。

4）推定結果をみてみよう

　表 8.2 の（イ）に出力結果の最初の部分を示した。Excel は優秀なソフトだが、分析ツールまでは翻訳の目が行き届いていないようで、専門用語の誤訳がときどきみられる。統計学で標準的に使われている用語に書き換えたのが（ロ）である。データ数と観測数はどちらでもいいが、重決定は決定係数の誤訳だろう。計算そのものは合っているので翻訳上の誤りは統計学の専門書や統計学の辞書と見比べながら訂正すればよいだろう。

　表 8.3 は Excel の日本語表現を適宜書き換えたものである。

表 8.2　重回帰分析の出力（正誤表）

（イ）

回帰統計	
重相関 R	0.997
重決定 R2	0.994
補正 R2	0.989
標準誤差	0.293
観測数	5

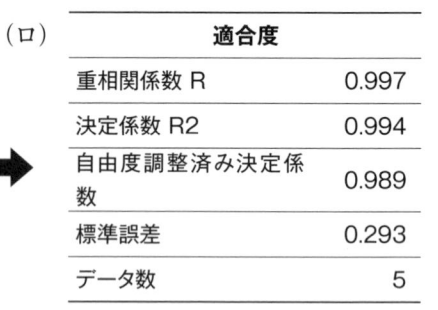

➡

（ロ）

適合度	
重相関係数 R	0.997
決定係数 R2	0.994
自由度調整済み決定係数	0.989
標準誤差	0.293
データ数	5

表 8.3　重回帰分析の出力（続き）

分散分析表

変動因	平方和	自由度	平均平方	F 値	有意確率
回帰	29.829	2	14.914	174.00	0.006
残差	0.171	2	0.086		
全体	30.000	4			

パラメータの推定値

	偏回帰係数	標準誤差	t 値	有意確率
定数項	0.000	0.131	0.0	1.000
人的サービス（X1）	0.943	0.099	9.5	0.011
設備グレード（X2）	0.686	0.198	3.5	0.074

顧客満足度のデータ

ホテル	観測値	予測値	残差
A	3	3.17	−0.17
B	2	1.97	0.03
C	0	−0.34	0.34
D	−1	−0.94	−0.06
E	−4	−3.86	−0.14

とりあえず①に対応する分析結果がどうなったのかというと、表8.3のパラメータの推定値から③の通りであることが分かる。

$$\hat{Y} = 0 + 0.943X_1 + 0.686X_2 \quad \cdots\cdots\cdots ③$$

③から言えることは人的サービスの評価値を 0.943 倍し、それに設備グレードに関する評点を 0.686 倍した数値を加えると、そのホテルの顧客満足度の予測値が得られる、ということである*。①と③では一般的な形で定数をモデルに書きこんでいるが、表 8.1 では分析データを平均偏差化してから重回帰分析を行っているので常に $c = 0$ となる。もし平均偏差化でない予測値を求めたければ③の定数項を $c = \overline{Y}$（原データの平均値）とおいて平均の位置を原データの平均値に戻してやればよい。

* 説明変数のウェイトをどう評価するかについては 8.3 節で述べる。

また表 8.3 の下欄には顧客満足度の観測値と③から求めた予測値、②から求めた残差を一覧した。表 8.3 の観測値というのは表 8.1 の顧客満足度（Y）のことで、つまり調査データという意味である。残差がいずれも 0 に近いので、③のモデルは調査データを上手く説明できていることが分かる。表 8.2 と 8.3 には他にもいろいろな数値が出てくるが、それらの意味は重回帰分析の概念を解説してから説明しよう。

8.2　重回帰分析の概念

■■■ 幾何学的なイメージ

重回帰分析の概念をイメージ図で説明しよう。図 8.2 で示したように説明変数の重みづけ合計のベクトル f は、説明変数によって説明できる空間を自由自在に動き回ることができる。何故だろうと思う人は本章補足の図 8.12 と 8.13 を見てもらいたい。このことを $\{x_1, x_2, \cdots\}$ は**空間 $S(X)$ を張る**という*。

* ベクトルと行列は英字の太字で区別する。詳しくは本章の補足で説明する。

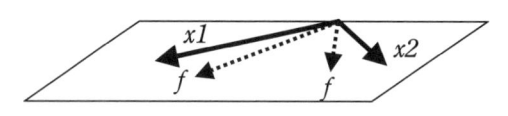

図 8.2　重みづけ合計が動き回る空間

次に基準変数 y は X とは独立に測定されたのだから図 8.2 の空間に含まれるという保証はない。そこで図 8.3 のように表す。

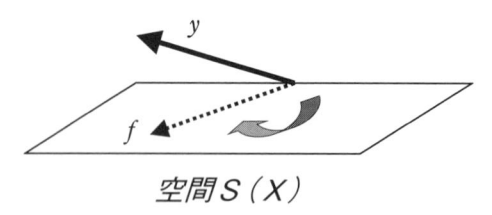

図 8.3　基準変数 y を与える

$S(X)$ のどれかのベクトルを使って y を予測したいのだから、それは $S(X)$ の中で y に一番近いベクトルが最も望ましいことになる。それは図 8.4 のように、y から $S(X)$ に垂線を下ろしたベクトルであることは直観的に明らかだろう。垂線を下ろすことを**射影する**という。

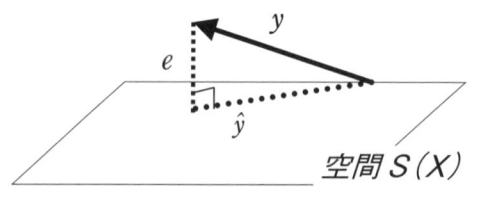

図 8.4　y を $S(X)$ に射影する

①から分かるように重みベクトル b が $\hat{y}$ を定めているので、逆に $\hat{y}$ が定まってしまえば偏回帰係数 b も定まることになる。重回帰分析のロジックは以上で終わりである。何を目標にして偏回帰係数が導かれたのか、と

いう部分が最大のミソである。

　線形空間への幾何学的な射影によって重みベクトルを定めるのである。重回帰分析の利用者にとっては、このような分析モデルの理屈を理解している方が、たんに計算手順を知っているよりも肝心だと思う。

■■■ 分散の分解

　さてモデルの根幹をなす $\hat{y}, y, e$ という3つのベクトルの関係を数値例で確認してみよう。表8.3の出力が正しいことが確認できる。また $\hat{y}$ の計算式の意味が分からなければ、本章補足の⑳式を見てもらいたい。

$$\hat{y} = \begin{bmatrix} \hat{y}_1 \\ \hat{y}_2 \\ \hat{y}_3 \\ \hat{y}_4 \\ \hat{y}_5 \end{bmatrix} = \begin{bmatrix} 3 & 0.5 \\ 1 & 1.5 \\ 0 & -0.5 \\ -1 & 0 \\ -3 & -1.5 \end{bmatrix} \begin{bmatrix} 0.943 \\ 0.686 \end{bmatrix} = \begin{bmatrix} 3.17 \\ 1.97 \\ -0.34 \\ -0.94 \\ -3.86 \end{bmatrix}$$

$$e = y - \hat{y} = \begin{bmatrix} 3 \\ 2 \\ 0 \\ -1 \\ -4 \end{bmatrix} - \begin{bmatrix} 3.17 \\ 1.97 \\ -0.34 \\ -0.94 \\ -3.86 \end{bmatrix} = \begin{bmatrix} -0.17 \\ 0.13 \\ 0.34 \\ -0.06 \\ -0.14 \end{bmatrix}$$

　各ベクトルの内積は以下のように計算できる。ベクトルの内積を知らなければ補足を読んでもらいたい。内積とは掛けて足すという積和を意味するもので分散、共分散、相関係数はいずれも内積を用いて定義される。(y, y) のような同じベクトルの内積は「二乗和」を意味する。あるいは「自乗和」と呼ぶこともあるし表8.3の分散分析表のように「平方和」と呼んでもよい。

$$(y, y) = (3 \quad 2 \quad 0 \quad -1 \quad -4) \begin{bmatrix} 3 \\ 2 \\ 0 \\ -1 \\ -4 \end{bmatrix} = 30, \quad (\hat{y}, \hat{y}) = 29.829, \quad (e, e) = 0.171$$

従って3つの内積の間に

$$(y, y) = (\hat{y}, \hat{y}) + (e, e), \quad \frac{1}{n}(y, y) = \frac{1}{n}(\hat{y}, \hat{y}) + \frac{1}{n}(e, e) \qquad \cdots\cdots\cdots ④$$

という関係が成り立つことが確認できる。各項を n で割った数値は分散を意味する。従って④は次の関係を示していることになる。

$$\boxed{\text{基準変数の分散 ＝ 予測値の分散 ＋ 残差の分散}}$$

重回帰分析とは分散の分解だったのである。表8.3の出力結果の中に、分散分析表という表があった。変動因の中で回帰というのが予測モデルの変動を意味しており、全体というのは顧客満足度の観測値の変動を表していた。この表に書かれた平方和とは、すぐ上で計算したベクトルの内積そのものをさす。表8.3と同じ数値になっていることを確認してもらいたい。

■■■ モデル全体の適合度指標

重回帰分析ではモデル全体の適合度を表すのに次の決定係数を用いる。

$$r^2 = \frac{(\hat{y}, \hat{y})}{(y, y)} = \frac{29.829}{30} = 0.994 \qquad \cdots\cdots\cdots ⑤$$

r^2 は基準変数の分散のどれだけの割合をモデルが説明できたかを示すものである。⑤の計算結果によれば99.4％が説明可能ということであり、表8.2（ロ）のExcelの出力結果と合っている。

④と⑤を幾何学的に表したのが図8.5である。直角三角形の斜辺の上の正方形の面積がどう分解されるかを表したのが④に他ならない。斜辺と

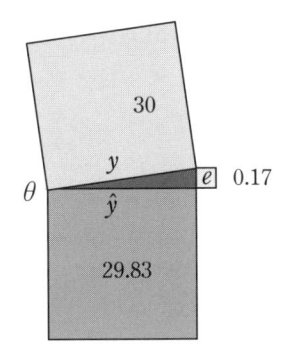

図8.5 ピタゴラスの定理

底辺ではさまれた角度を θ とすると斜辺と底辺の比は

$$r = \cos\theta = \frac{\sqrt{(\hat{y}, \hat{y})}}{\sqrt{(y, y)}} = \frac{\sqrt{29.829}}{\sqrt{30}} = \frac{5.462}{5.477} = 0.997 \qquad \cdots\cdots\cdots ⑥$$

これが表8.2に出てきた重相関係数 r である。重相関係数とはコサイン θ だったのである。一般的には $-1 \leq \cos\theta \leq 1$ であるからこれが相関係数の値の範囲となる。しかし重回帰分析の場合は、r ができるだけ大きな値になるように予測値を決めるモデルなので、重相関係数の場合は $0 \leq \cos\theta \leq 1$ の範囲になる。

このように相関係数と三角関数を結びつけて解釈することが腑に落ちない方は、顧客満足度の調査データと予測値の相関係数が0.997になることを確かめて安心材料にするとよいだろう。

Excelで相関係数を求めるには、数式タブで関数の挿入をクリックし、関数の分類で「統計」を選び、CORREL をクリックして顧客満足度の調査データと予測値データの範囲を指定すれば、y と $\hat{y}$ の相関係数が0.997であるという計算結果を返してくる。ちゃんとコサイン θ の値と一致することが確認できる。

重回帰分析は図8.5でいえば、直角三角形の斜辺と底辺の角度 θ を小

ノルム norm
$\sqrt{(y, y)}$ はベクトル y の長さを意味する量で $\|y\|$ と書き、これをノルムという。

⑥は $\|y\|$ と $\|\hat{y}\|$ の比であり、まさに直角三角形の斜辺と底辺の比を表している。

さくすることを目ざした分析法である。もし $\theta = 0$ になれば $r = \cos\theta = 1$ となるから、顧客満足の評価はモデル値とピッタリ重なる。斜辺の上の正方形の面積は調査データから確定するので変えようがない。予測値の分散を大きくする努力と残差の分散を小さくする努力と θ を小さくする努力と r を大きくする努力はすべてが同じことを意味する。残差の分散を最小化するという基準を最小二乗法（least square method）と呼んでいるが、趣旨を等しくする基準は複数あるのである。

さて、予測値の分散と残差の分散で比をとれば、それは当たりと外れの比と同じだからこの比は大きいほど良いことが分かる。この指標が F 値である。

$$F = \frac{予測値の不偏分散}{残差の不偏分散} = \frac{(\hat{y},\hat{y})/予測の自由度}{(e,e)/残差の自由度} = \frac{29.829/2}{0.171/2} = 174$$

これが表 8.3 の分散分析表に出てきた F 値の導出法である。分散分析表で平均平方と書かれていたのが不偏分散にあたる[*]。予測の自由度だけ説明しておくと、偏回帰係数の b_1, b_2 の値だけが自由に決める余地があって、この 2 つが決まれば、予測値の値は確定してしまうので、予測値の自由度は 2 なのである。

■■■ 偏回帰係数の有意性

表 8.3 のパラメータの推定値についても説明しておくと、偏回帰係数を標準誤差で割ったのが t 値である。人的サービスについて検算すると次の通り。

$t = \dfrac{0.943}{0.099} = 9.5$ 　t 値は t 検定に利用する検定統計量で、t 値が大きいほど $b = 0$ であるという帰無仮説を棄却することになる。この例では有意確率は 0.011 で通常用いる有意水準の 5% より小さいので、人的サービスの偏回帰係数は有意である、という結論になる。設備グレードの偏回帰

---

[*] 平方和をデータ数 n で割ったのを（標本）分散、自由度で割ったのを不偏分散と呼ぶ。

係数は有意ではなかった。

まだ重回帰分析を隅々まで解説しつくしたとは言えないのだが、分析結果の読み方は概略以上くらいの理解でよいだろう。

8.3 説明変数のウェイト評価

Example 2

> シニアの趣味への支出額を決める要因は年齢か、家族人数か

■■■ 趣味への支出の重回帰分析

基準変数に及ぼす各説明変数のウェイトをどうやって評価したらよいのかを考えよう。シニア・マーケティングを題材にした架空の分析例で説明する。2015年には日本の15歳以上人口の38%が60歳以上の年齢層になるそうである（出所：RANDOM, 2011年, VOL.57）。これからは活動的なシニアが増えてくるのかもしれない。内燃エンジンで動く高価なラジコン船で遊んでいる人を見ると大抵は子供ではなく年配の人である。さてシニアが趣味に使う支出は本人の年齢とともに増加し、一方で家族の人数が多いと家族への資産移転で減るというメカニズムを考えてみよう。重回帰モデルで書くと

$$Y = b_1 X_1 + b_2 X_2 + e \quad \cdots\cdots\cdots ⑦$$

趣味支出 = b_1 × 年齢 + b_2 × 家族人数 + 残差

Example 1 と同様に上記3変数ともすべて単位が異なる測定値である。このため予めデータを**標準化**（p.194 参照）しなければウェイトの比べようがない。この時の係数 b_1, b_2 を**標準偏回帰係数**（standardized partial regression coefficient）と呼ぶ。分析ソフトによってはベータ（β）と略

表 8.4　パラメータの推定値

説明変数	標準偏回帰係数	標準誤差	t 値	有意確率
年齢 X1	0.503	0.125	4.0	0.001
家族人数 X2	−0.587	0.125	−4.7	0.000

表 8.5　相関係数

	趣味支出 Y	年齢 X1	家族人数 X2
趣味支出 Y	1	0.640	−0.705
年齢 X1		1	−0.234
家族人数 X2			1

称することがあるがこんな簡単な記号だけでユーザーに意味が通じるのか心配である。

　さてパラメータの推定結果は表 8.4 のようになった。データは標準化済みなので定数は 0 である。変数間の相関係数を表 8.5 に示す。

　また決定係数は 0.736 であった。ということは基準変数の分散のうち 26.4% は⑦のモデルでは説明できなかった残差の割合ということを意味する。

　表 8.4 の標準偏回帰係数の値をそのまま使って比例配分してみると年齢のウェイトは

$$\frac{0.503}{0.503-0.587}\times 100 = \frac{0.503}{-0.084}\times 100 = -598.8$$

となる。同様に家族人数のウェイトは 698.8 になる。合計して 100% になるわけでもないし、正負の符号さえも意味が通じない。従ってこのような素朴な方法ではウェイト評価にはならないことが分かる。ではどうし

たらよいのだろうか。ここでも 8.2 節で述べた分散の分解を利用すればよい。

　さて基準変数 Y に関するデータの分散が、どの要因から定まるのかを⑦の構造モデルに従って分解してみよう。説明変数と残差の共分散は 0 だと仮定して基準変数データの内積を分解する。説明できなかった残りが残差なのだから、説明変数と残差の共分散が 0 だと仮定することは無理ではないだろう。共分散の説明が必要なら補足を読んでもらいたい。

$$\begin{aligned}(\boldsymbol{y},\boldsymbol{y}) &= (b_1\boldsymbol{x}_1+b_2\boldsymbol{x}_2+\boldsymbol{e})'(b_1\boldsymbol{x}_1+b_2\boldsymbol{x}_2+\boldsymbol{e}) \\ &= b_1^2(\boldsymbol{x}_1,\boldsymbol{x}_1)+b_2^2(\boldsymbol{x}_2,\boldsymbol{x}_2)+(\boldsymbol{e},\boldsymbol{e})+2b_1b_2(\boldsymbol{x}_1,\boldsymbol{x}_2)+2b_1(\boldsymbol{x}_1,\boldsymbol{e})+2b_2(\boldsymbol{x}_2,\boldsymbol{e}) \\ &= b_1^2(\boldsymbol{x}_1,\boldsymbol{x}_1)+b_2^2(\boldsymbol{x}_2,\boldsymbol{x}_2)+2b_1b_2(\boldsymbol{x}_1,\boldsymbol{x}_2)+(\boldsymbol{e},\boldsymbol{e})\end{aligned}$$

　上式の両辺を $n-1$ で割って分散と共分散に書きなおそう。標準化された変数の分散は 1 であり、共分散は相関係数 r になる。$X1$ と $X2$ の相関係数は表 8.5 から -0.234 であった。従って⑧が導かれる。

$$\begin{aligned}\sigma_y^2 &= b_1^2\sigma_{x_1}^2+b_2^2\sigma_{x_2}^2+2b_1b_2r_{12}+\sigma_e^2 \\ 1 &= 0.503^2+(-0.587)^2+2\times 0.503\times(-0.587)\times(-0.234)+0.264 \quad \cdots\cdots⑧ \\ 1 &= 0.253+0.345+0.138+0.264=0.736+0.264\end{aligned}$$

　要するに、趣味支出の分散が、年齢に起因する分散 0.253 と家族人数に起因する分散 0.345、2 つの説明変数の相関に起因する分散 0.138、そして重回帰分析のモデルでは説明できなかった残差分散 0.264 の 4 つの項に分解されたことになる。

■■■ グラフで表現

⑧の4つの変動要因への分解をグラフ化したのが図8.6である。次にモデルで説明できた割合を図8.7に示す。この図は決定係数の大きさを図解していることになる。

分析に用いた説明変数の中だけでウェイトを図解したのが図8.8になる。年齢のウェイトは⑧にもとづいて

$$\frac{0.253}{0.253+0.345} \times 100 = 42\%$$

と計算できる。これが通常、企業が知りたかった要因の中での相対的なウェイトである。本人年齢よりも家族人数の方がシニアの趣味の支出額を決定するウェイトが大きいという結論になった。なぜ標準偏回帰係数の2乗をとってウェイト評価をすればよいのかがグラフによって納得できただろう。

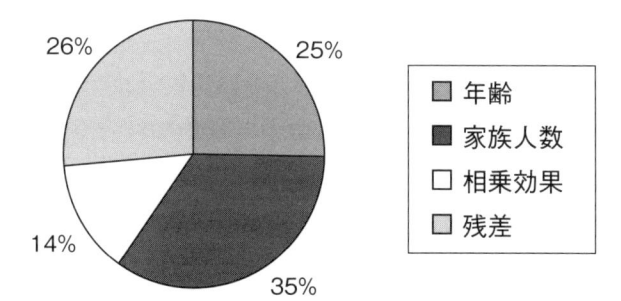

図 8.6 変動要因の分解

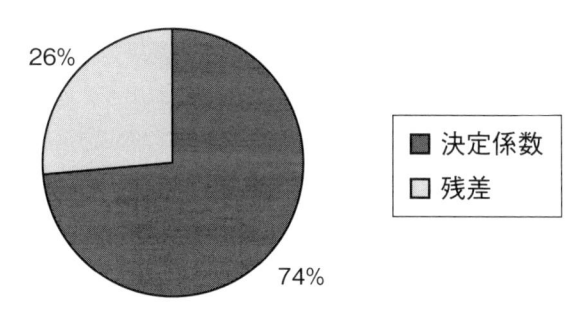

図 8.7 モデルで説明できた割合

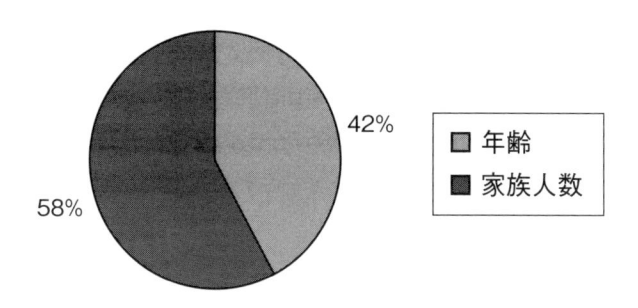

図 8.8 要因のウェイト

8.3 説明変数のウェイト評価

■■■ 因果モデルの図解

　本節の数値例ではどのように分析変数の関係をモデル化したのかを図 8.9 に図解した。この図の趣味支出の右肩の 0.74 は、図 8.7 の決定係数の大きさを示すものである。図 8.9 のような図をパス図と呼ぶ。

　年齢から趣味支出への直接効果は 0.50 でこれが標準偏回帰係数 b_1 の意味である。同様に家族人数の直接効果は $b_2 = -0.59$ である。因果関係は以上で終わりである。そして年齢と家族人数の間には $r = -0.23$ という相関があった。これがどのように趣味支出に影響してくるかと言うと、シニア本人の年齢が高い家では家族人数が少ない。仮に家族人数が多ければシニア本人の趣味支出にブレーキがかかったはずだ（こちらは因果関係の仮説）。すると 2 変数の相関関係による影響はマイナスが 2 回掛け算されてプラスになるので

$$2 \times 0.503 \times (-0.587) \times (-0.234) = 0.138$$

これが図 8.6 で示した相乗効果 14％ の意味である。このように、説明変数間に相関があると、決定係数の大きさが説明変数単独のウェイトの和だけでは決まらずにプラスあるいはマイナスの相関関係の影響が混入してしまう。

　図 8.9 ではシニア本人の年齢が家族人数の原因になるとは仮定しなかった。しかし説明変数の間に因果関係を想定して分析すれば、相乗効果や相殺効果も説明変数の要因効果に分解することができる。このような分析をパス解析と言う。近年では、重回帰分析、パス解析そして因子分析をすべて一つのモデルに組み入れて分析できる共分散構造分析（略称 SEM）がマーケティングの分析でよく使われるようになってきた。しかし共分散構造分析は本書の範囲を超えるので、巻末の推薦図書を参照されたい。

説明変数間に相関がある場合の重回帰分析

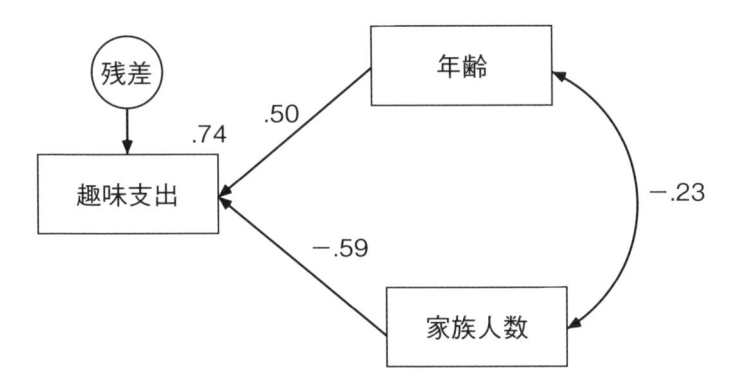

```
         年齢
  残差   ↗ .50
   ↓  .74
  趣味支出        －.23
         ↖ －.59
         家族人数
```

図 8.9　推定された因果モデル

【補足】基本的な統計量

　ここでは基本的な統計量である分散、共分散と相関係数を紹介する。読者は手計算または電卓を使って定義にそって検算してもらいたい。これらの統計量は簡単に手計算できるくらいシンプルなものであることが納得できると思う。併せて8.2節で必要になる線形モデルについても説明しよう。

　表8.6で影をつけた平均偏差データの部分をくくりだしたものを**平均偏差データ行列**と呼ぶ。この行列はアルファベットの大文字ボールド体を使って⑨のように表すのが慣例である。⑨の X を5行2列の行列と呼ぶ。さらに X の第1列 3, 1, 0, -1, -3 をくくりだしたものを**ベクトル**という。同様に第2列 0.5, 1.5, -0.5, 0, -1.5 もベクトルである。ベクトルは、アルファベットの小文字ボールド体で x_1, x_2 のように表す。ベクトルは断らない限り、縦方向に並んだ**列ベクトル**とする。横方向に並んだベクトルは**行ベクトル**と呼ぶ。そして縦横を入れ替える操作を**転置**（transpose）と呼び、行列やベクトルの右肩にプライム（′）の添字をつけて示す。

表8.6　平均偏差データ行列 **X**

	人的サービス（**X**1）	設備グレード（**X**2）
ホテル A	3	0.5
ホテル B	1	1.5
ホテル C	0	-0.5
ホテル D	-1	0
ホテル E	-3	-1.5
合計	0	0
平均値	0	0

$$X = \begin{bmatrix} 3 & 0.5 \\ 1 & 1.5 \\ 0 & -0.5 \\ -1 & 0 \\ -3 & -1.5 \end{bmatrix} \quad x_1 = \begin{bmatrix} 3 \\ 1 \\ 0 \\ -1 \\ -3 \end{bmatrix} \quad x_2 = \begin{bmatrix} 0.5 \\ 1.5 \\ -0.5 \\ 0 \\ -1.5 \end{bmatrix} \quad \cdots\cdots\cdots ⑨$$

さて、x_1 のスコアを横座標、x_2 のスコアを縦座標にとって、5 つのホテルをプロットすると図 8.10 が描かれる。

この図を見るとホテル A,B は、人的サービスでも設備グレードでも平均以上の評価を得ていることが分かる。逆にホテル E は人的サービスも設備グレードも平均以下だと見られている。図 8.10 のプロット状態を正の関係というのだが、それは一方が大きい値をとっているとき他方も大きな値をとっている、という関係を意味する。関係がプラスだからといって 2 つの説明変数の間に「一方を上げれば他方を上げることができる」という因果関係が証明されたことにはならない。また図 8.10 を見れば、X_1 のデータはちらばりが大きく X_2 のデータはちらばりが小さいことも見てとれる。

このようなちらばりの大きさとか関係の強さを、見た感じではなく数値で表した統計量が分散と共分散である。

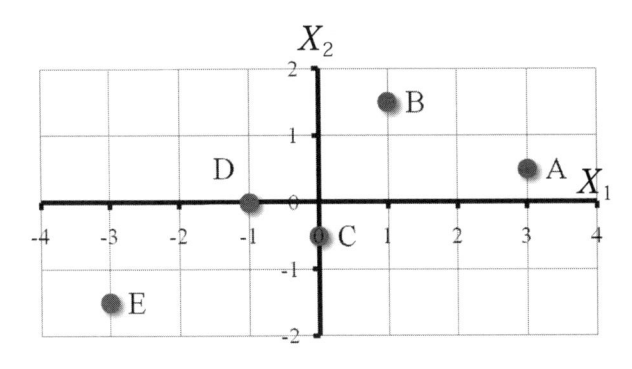

図 8.10 共分散プロット

■■■ 分散と共分散

　分析データはすべて平均偏差化されているものとして説明しよう。X_1 の分散（variance）は、ベクトルの**内積**（inner product）をデータの数 n で割ったものとして定義できる。ベクトルの内積は (x_1, x_1) と書き、（　）内の2つのベクトルの対応する要素どうしを順に掛けて加える「積和」を意味する。

$$\sigma_1^2 = \frac{1}{n}(x_1, x_1) \qquad \cdots\cdots\cdots ⑩$$

　表 8.6 の数値例における⑩の具体的な計算手順と計算結果を次に示そう。内積とは要素の数が等しい行ベクトルと列ベクトルの掛け算である。ふつうは要素の数とは言わず「**次数**」という。下記のベクトル x_1 は 5 次のベクトルである。

$$\frac{1}{n}(x_1, x_1) = \frac{1}{5}[3\ 1\ 0\ -1\ -3]\begin{bmatrix}3\\1\\0\\-1\\-3\end{bmatrix}$$

$$= \frac{1}{5}\{3^2+1^2+0^2+(-1)^2+(-3)^2\} = \frac{1}{5}\times 20 = 4$$

　つまり X_1 の分散とは、表 8.6 の $X1$ のデータの二乗和をとってデータ数 5 で割ったものである。このように自分と自分の内積 (x_1, x_1) から導かれる統計量が分散である。X_2 の分散は同様の計算をすれば 1 になることが分かる。読者は自分で計算をしてもらいたい。

$\sigma_1^2 = \dfrac{1}{n}(\boldsymbol{x}_1, \boldsymbol{x}_1)$ が変数 X_1 の分散なのだから、X_1 と X_2 の**共分散**（covariance）を次のように定義するのはごく自然だろう。

$$\sigma_{12} = \dfrac{1}{n}(\boldsymbol{x}_1, \boldsymbol{x}_2) \quad \cdots\cdots\cdots ⑪$$

$$\dfrac{1}{n}(\boldsymbol{x}_1, \boldsymbol{x}_2) = \dfrac{1}{5}\begin{bmatrix} 3 & 1 & 0 & -1 & -3 \end{bmatrix} \begin{bmatrix} 0.5 \\ 1.5 \\ -0.5 \\ 0 \\ -1.5 \end{bmatrix}$$

$$= \dfrac{1}{5}\{3 \times 0.5 + 1.5 + (-3)(-1.5)\} = \dfrac{1}{5} \times 7.5 = 1.5$$

このようにベクトルを順次 2 つずつ組み合わせて内積を計算すれば、分散と共分散が求められる。しかし分析変数が 2 つくらいならともかく、50 個とか 100 個の変数について順次組み合わせて計算をするのは煩わしい。そこで⑨の行列 X を使ってすべての分散と共分散を一気に求めてみよう。

$$C_{XX} = \dfrac{1}{n}X'X = \dfrac{1}{5}\begin{bmatrix} 3 & 1 & 0 & -1 & -3 \\ 0.5 & 1.5 & -0.5 & 0 & -1.5 \end{bmatrix} \begin{bmatrix} 3 & 0.5 \\ 1 & 1.5 \\ 0 & -0.5 \\ -1 & 0 \\ -3 & -1.5 \end{bmatrix} \quad \cdots\cdots\cdots ⑫$$

$$= \dfrac{1}{5}\begin{bmatrix} 20 & 7.5 \\ 7.5 & 5 \end{bmatrix} = \begin{bmatrix} ④ & 1.5 \\ 1.5 & ① \end{bmatrix} = \begin{bmatrix} \sigma_1^2 & \sigma_{12} \\ \sigma_{21} & \sigma_2^2 \end{bmatrix}$$

この C_{XX} を**分散共分散行列**と呼ぶ。統計学の本によっては C_{XX} ではなくて、S とか Σ という記号を使うことがある。さて⑫の計算結果を見ると X_1 の分散が 4 であることも、X_1 と X_2 の共分散が 1.5 であることも行列の要素として計算できている。⑫式の 2 行目の行列で○で囲んだ要素を「**主対角要素**」と呼ぶが、ここに分散の値が入る。そし

て主対角以外の要素には共分散の値が入る。これはマジックでも何でもなく、行列 X とそれを縦横逆にした X'（これを**転置行列** transposed matrix と呼ぶ）を $X'X$ の順に掛け算することは、変数の総組み合わせについて内積を求めることと同じなのである。つまり行列の積という演算ルールが新たに出てきたわけではなく、既に述べたベクトルの内積の計算を単純にくり返しているにすぎない。共分散の 1.5 がどのような内積から求められるかを⑫における四角い囲みで図示した。この計算プロセスは⑪と一致する。

さて行列 X のサイズは 5 行 2 列に限らず一般的に n 行 p 列であっても分散共分散行列の計算式は $\frac{1}{n}X'X$ で変わらない。そして計算結果として p 行 p 列の行列 C_{XX} が求められる。一般的に C_{XX} には $C_{XX} = C'_{XX}$ という関係が成り立つ。このように転置しても変わらない行列を**対称行列**（symmetric matrix）と呼ぶ。⑫を見ても内積の定義からして $(x_1, x_2) = (x_2, x_1)$ なので、当然ながら $\sigma_{12} = \sigma_{21}$ と対称性が成り立っている。

■■■ 標準化

8.1 節では重回帰分析の分析データは、いろいろな評定尺度と評点法が混在していて構わないと述べた。もちろん構わないのだが、質問票の作り方しだいで変数の分散が違ってくるために相対的な比較をする上で問題が起きる。たとえば問 1 は 10 点法で回答させ、問 2 は 100 点法で回答させたら、問 2 から得られるデータの方が、分散が大きくなりそうである。あるいは顧客の住居の専有面積を坪で回答させた場合よりも平米で回答させた方がデータの分散が $3.3^2 = 10.89$ 倍大きくなる。たまたま採用した度量衡が違っただけのことであり、家の広さの実態は全く変わっていない。このような便宜的な尺度単位に左右されない情報にデータを変換する必要がある。それが⑬の**標準化**（standardization）である。

$$z = \frac{X_R - \mu}{\sigma} \qquad \cdots\cdots\cdots ⑬$$

⑬の右辺分子でしていることは、調査した原データ X_R から平均 μ を引きなさい、という意味なので平均偏差化ということである。その上で分散の平方根である σ で割るという変換をしている。σ は**標準偏差**(standard deviation)と呼ばれる統計量である。標準偏差も統計学のテキストによっては、s とか SD などの記法を使うことがあるが意味は同じである。⑬の標準化を行うことで、原データの平均と分散が何であっても影響を受けない「標準化データ」を導くことができる。表8.6のデータは既に平均偏差化が済んでいたので、標準化するためには、後は標準偏差で割ればよい。⑫を見ると人的サービスの標準偏差は4の平方根だから2、設備グレードの標準偏差は1の平方根だから1であった。従って x_1 のデータは2で割り、x_2 は1で割れば標準化データ行列 Z が求められる。

$$Z = \begin{bmatrix} 1.5 & 0.5 \\ 0.5 & 1.5 \\ 0 & -0.5 \\ -0.5 & 0 \\ -1.5 & -1.5 \end{bmatrix} \qquad \cdots\cdots\cdots ⑭$$

これまでと同様に Z の第1列のベクトルを z_1、第2列のベクトルを z_2 と呼ぶことにしよう。図8.10にならって、A,B,C,D,Eという5つのホテルの位置をプロットしたのが図8.11である。

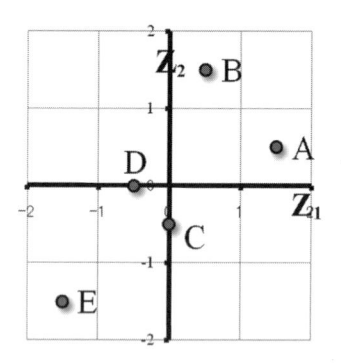

図8.11 相関プロット

　図8.11では2つの変数間にあった分散の相違を統一して、同じ物差しでホテルへの評価がどのように同時分布しているかを見たことになる。人的サービスと設備グレードにはプラスの関係があるという傾向は図8.10と変わりない。2つの変数が「右上から左下にかけて分布している」程度をどうやって数値で表せばよいのだろうか。

■■■相関係数

　既に察しのついた方も多いと思われるが、これまでと同じやり方を踏襲してz_1とz_2の内積をとればよいのである。

$$r = \frac{1}{n}(z_1, z_2) \quad \cdots\cdots\cdots ⑮$$

　⑭の数値を入れて計算すると0.75となり、これが人的サービスと設備グレードの**相関係数**（correlation coefficient）と呼ばれる統計量になる。

　さて表8.6の数値例では分析変数が2つしかなかったので⑮で十分なのだが、ビジネスの実務では分析変数の数がとても多くなること

が珍しくない。そこで⑫と同様に行列を使って相関係数の計算プロセスを示せば次のようになる。

$$R_{XX} = \frac{1}{n} Z'Z$$
$$= \frac{1}{5}\begin{bmatrix} 1.5 & 0.5 & 0 & -0.5 & -1.5 \\ 0.5 & 1.5 & -0.5 & 0 & -1.5 \end{bmatrix} \begin{bmatrix} 1.5 & 0.5 \\ 0.5 & 1.5 \\ 0 & -0.5 \\ -0.5 & 0 \\ -1.5 & -1.5 \end{bmatrix} \quad \cdots\cdots\cdots ⑯$$
$$= \frac{1}{5}\begin{bmatrix} 5 & 3.75 \\ 3.75 & 5 \end{bmatrix} = \begin{bmatrix} ① & 0.75 \\ 0.75 & ① \end{bmatrix}$$

⑯の最後の行列を見ると主対角要素が2つとも1になっている。このことの意味は、自分と自分の相関係数は1だということを意味している。また別な見方として、
$\sigma_{z_1}^2 = \frac{1}{n}(z_1, z_1) = 1$ だとも言っているわけだから、⑩の定義に従ってz_1の分散は1、もちろんz_2の分散も1であることも意味している。つまり⑬の標準化の真意は、原データがどういう尺度であれ、平均が0で分散が1の尺度値にアフィン変換する（p.26参照）という操作であることが分かる。

■■■ 重みづけの合計

最後に重みづけ合計について触れておこう。変数X_1とX_2に任意の実数b_1, b_2を掛けて合計するという操作は次の計算式で表される。

$$\hat{Y} = b_1 X_1 + b_2 X_2 \qquad \cdots\cdots\cdots ⑰$$

さて⑰をp個のベクトルの場合に一般化して書けば次の式になる。

$$\hat{\boldsymbol{y}} = b_1 \boldsymbol{x}_1 + b_2 \boldsymbol{x}_2 + \cdots + b_p \boldsymbol{x}_p \qquad \cdots\cdots\cdots ⑱$$

重みbのことをウェイトとか加重とか単に係数などと呼ぶことがある。⑰や⑱のような重みづけ合計は、営業所の業績評価だとか人事評価のように実務の現場で日常的に出てくるので、見慣れているだろう。さて⑨をもとに、仮に$b_1=1, b_2=2$として重みづけ合計を出せば次のようになる。

$$\hat{y}=1\begin{bmatrix}3\\1\\0\\-1\\-3\end{bmatrix}+2\begin{bmatrix}0.5\\1.5\\-0.5\\0\\-1.5\end{bmatrix}=\begin{bmatrix}3\\1\\0\\-1\\-3\end{bmatrix}+\begin{bmatrix}1\\3\\-1\\0\\-3\end{bmatrix}=\begin{bmatrix}4\\4\\-1\\-1\\-6\end{bmatrix} \quad \cdots\cdots\cdots ⑲$$

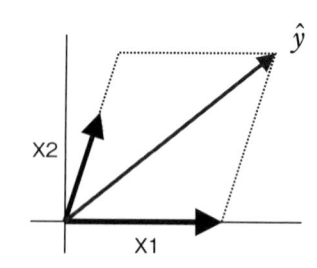

図8.12　X2に2倍の重みをつけて合計するイメージ

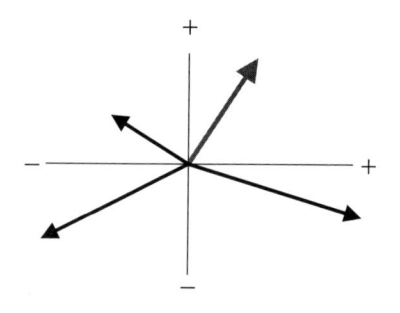

図8.13　空間内を自由に動き回る合計ベクトル

⑲は人的サービスはそのままで施設面の評価を2倍にウェイトづけて総合評価を求めたものである。ベクトルに重みをかけて合計するという操作を2次元平面で図示すれば図8.12のようになる。

⑲は5次元空間のベクトルなので、平面に描くことは出来ないが、もしベクトルが2次元なら図8.12どおりに$X2$だけ2倍して合計して求めたのが平行四辺形の対角線のベクトルだということになる。ここで重みのb_1, b_2を任意の実数だとすれば、ベクトル$\hat{y}$は図8.13のように空間内のどの位置でも自由に表せることになる。空間内の位置と実数の組み $\{b_1, b_2\}$ は一対一で対応づけられる。

さて⑫では行列の積はベクトルの内積の拡張であると述べた。では重みづけ合計を行列で書けばどうなるかと言うと、次のようにシンプルに表現できる。

$$\hat{y} = Xb = \begin{bmatrix} \boxed{3 & 0.5} \\ 1 & 1.5 \\ 0 & -0.5 \\ -1 & 0 \\ -3 & -1.5 \end{bmatrix} \boxed{\begin{bmatrix} 1 \\ 2 \end{bmatrix}} = \begin{bmatrix} \boxed{3+0.5\times 2} \\ 1+1.5\times 2 \\ 0+(-0.5)\times 2 \\ -1+0\times 2 \\ -3+(-0.5)\times 2 \end{bmatrix} = \begin{bmatrix} ④ \\ 4 \\ -1 \\ -1 \\ -6 \end{bmatrix} \quad \cdots\cdots⑳$$

この計算もベクトルの内積に他ならないことが、⑳で囲みを入れた2つのベクトルの演算を見れば明らかだろう。Xの第1行ベクトルの $[3 \quad 0.5]$ と重みベクトル $b = \begin{bmatrix} 1 \\ 2 \end{bmatrix}$ の内積をとった結果が○で囲んだ4になる……以下同様。⑳から線形モデルが行列とベクトルの積で表されることが分かる。

高見健治

第9章
情報発信

POINT

- 適確な情報発信によって市場情報と経験を企業内で共有化することが企業のパワーを高める
- 意思決定に最も寄与するのがフラッシュアウト（調査速報）である
- プレゼンテーションは社内のコミュニケーションを促進する場でもある
- 調査の価値は報告によって決定づけられる
- 調査対象者の個人情報は企業内にストックしないのが最善策である

情報発信の基本的な目的は情報の共有化である。では、なぜ情報の共有化が必要とされるのかをまず考えてみよう。

ビジネスは予測からスタートする。「この商品はこれぐらい売れるだろうから、これぐらい作ろう」「こういう販促をうつとこれぐらい売れるだろうから、これぐらい仕入れておこう」「将来こういう市場が大きくなるので、こんな技術に力を入れよう」等々。すべてのビジネスは予測をベースに対策を検討して方針を定める。それぞれの場面で適切な市場予測が必要になる。そして、その予測の根拠になるのが情報であり経験である。

従って、情報と経験を企業内で共有化することでマーケティング計画をより高いレベルに押し上げ、より効果的な解決策を組織的に決定することが可能になるのである。各種の情報の中でも調査結果という情報を共有化することが、調査の情報発信の役割である。

9.1　2次データの活用

2次データとは、既存のデータや調査結果のことをさす。それに対して1次データとは、特定の目的のために新規に収集するデータをいう。

1次データは、調査課題に対する直接的な情報を得られるのに対して、情報収集にかかる時間やコストが高くなる。一方2次データは、調査を効率的に進め、調査課題を明確にするために役に立つものである。すでにあるデータを利用するため、調査前の仮説抽出やマーケティング課題の整理などに役立つ。従って、大いに活用することが望まれる。また、1次データは、いずれはその後の調査にとっての2次データになることも併せて留意したい。

1) 2次データの種類

主な2次データを表9.1に列挙しておく。もちろん、これ以外にも2次データはたくさんある。

表9.1 2次データの種類

<社内で入手可能な2次データ>	・売上データ
	・別の目的で調査した過去の調査結果
<購入可能な2次データ>	・POSデータやFSPデータ*
	・消費者パネルデータ
	・市場データや有償の調査レポート
<公開されている2次データ>	・官公庁の統計データ（国勢調査、家計調査など）
	・調査会社や企業が公開している調査結果
	・雑誌、新聞、インターネットの記事

*FSPデータ
FSP（Frequent Shoppers Program）とは、顧客にポイントカードを発行し、ポイントに応じたサービスを提供することだ。このシステムを活用して、顧客の購買履歴などをデータとして集計したものをFSPデータという。

公開されている2次データは、インターネットを利用して検索エンジンからキーワード検索で調べることができるので、有効に活用することを勧める。その他、データベースサービス会社からも入手は可能である。

2次データ収集のための経費が必要かどうかについては、基本的には費用は使わなくて良いと思う。有料のデータもすでに別の目的で購入されているもの（POSデータなど）もあるだろうし、社内で入手可能なデータや無料で入手できるデータでかなりの情報が揃えられる。

COLUMN
顧客アンケートにもとづく市場開発

2000年の当時、チョコレートのバレンタイン市場は成熟期に差し掛かっていた。バレンタインに関するベンチマーク調査から、女子中高生のチョコレートを贈った相手に小さな変化が起こっていることに着目された。「女友達に贈った」と答えた人が増えてたのである。この変化を新しい消費の傾向として捉え、「友チョコ」と名づけ、キャンペーンを開始。その結果バレンタイン市場は活性化され、新たな消費市場が形成された。

2) 2次データの活用

2次データ活用の効用は、主に3つある。

❶ 調査課題の環境・背景の理解

　調査の企画時には、調査担当者は調査対象市場の基本的な動向・トレンドなどを把握した上で、調査課題の整理や仮説の抽出を行わなければならない。調査担当者が調査対象の市場やカテゴリーに関し、知識や経験が不十分な場合は、的確な調査を行うことが難しくなる。従って、調査担当者は、調査対象市場について十分な知識を得ることが望ましく、その際に2次データはかなり有効なツールとなる。

❷ 調査課題の絞込み

　2次データを活用することによって、調査課題を絞り込むことができる。すでに既存の調査や各種データで明らかになっている課題は、当該調査で調べる必要がなくなるからである。調査課題の絞込みにより、調査の効率化・コスト削減につながる。

❸ 仮説立案

　調査を行う前に、2次データを分析することで有用な仮説立案ができる。調査では仮説の検証が重要な場合があり、仮説を明らかにすることで、提言のための情報を得ることができる。仮説の立案が不十分なまま調査を行うと情報価値の低い結果となってしまう可能性が高い。1章に仮説についての論議があるので参照のこと。

　このように2次データをうまく活用すれば、調査費用の効率化や課題の絞込みによって情報をより深く掘り下げができるので、状況に応じて適切に使うことを勧めたい。

✕【トラブル】 調査会社に依頼したのに…
　調査課題について、深く考察する時間もとれず、とりあえず調査会社に相談した。調査会社からプレゼンテーションを受け、提案された内容をそのまま依頼した。その結果、調査しなくても分かっていた基本的な情報や、課題からかけ離れた情報ばかりを報告されてしまった。費用がかかったわりに情報価値があまりない表層的な調査結果しか得られず、調査結果が活用できなかった。

〇【改善提案】 事前に調査課題について、社内外の2次データを集め、対象市場の市場環境について十分な知識・情報を得た後、調査課題の絞りこみや仮説立案を行うとよいだろう。それらをもとに課題整理と仮説の抽出を行い、調査会社との打合せを通して、調査課題と仮説を共有化し、調査の設計に取り掛かるとよい。そうすることで調査担当者の意図が組み込まれた調査が行われ、調査結果を充分に活かすことができる。

3) 2次データを活用する上での留意点

2次データを活用する際の留意点として、データが発生した環境の把握をしっかり行う必要がある。2章で述べているように、データは環境のコンテクストに依存する可能性がある。2次データは、いろいろな目的で集められたデータなので、必ずしも当該調査の課題に適しているとは限らない。データが集められた環境条件を把握し、データの持っている情報価値の制約を認識した上で、活用することが望まれる。留意すべきポイントを表9.2にリストアップした。

表9.2　2次データの収集環境を把握するための留意点

＜データの背景＞	＜データの収集法＞
●データが集められた目的 ●データの対象となったターゲットや市場	●調査手法 ●データ精度や偏り ●データが集められた時期 ●データのn数 ●データが集められた地域 ●データの対象者 ●データの出典

✕【トラブル】　2次データを検討したのに…

2次データの調査結果が、ある特定のターゲット（たとえば、所得1000万円以上の人を対象としたデータ）を対象とした調査であったにもかかわらず、2次データを、今回の製品の市場の一般的傾向と混同して、それを基に調査仮説の立案などの調査計画を作成した。その結果、一般の市場とギャップのある調査課題や仮説を立ててしまった。

○【改善提案】　2次データの特性を理解し、そこに偏りがあることを考慮したうえで、製品のターゲットにマッチした仮説を作り、調査計画を立てるべきである。

9.2 報告書・プレゼンテーション

　調査に限らず、報告は多面的な業務で重要なことである。的確な報告なしには、社内のコミュニケーションは成り立たない。調査においても、報告は重要なステップであり、ある意味、調査の価値を決める段階であるともいえる。

　調査がいくら優れた内容であっても、そのことが調査依頼者や経営者、マーケッター等に伝わらなければ、その調査結果は何の価値もない。調査結果が有効に活用されるためにも、報告を適切に行い調査結果を的確に相手に伝えることが重要である。

　調査における「報告」は、報告書・プレゼンテーション・フラッシュアウトによって行われる。

調査報告の内容
- 報告書　　　　　　：調査結果が記述された資料
- プレゼンテーション　：調査結果をわかりやすく説明すること
- フラッシュアウト　　：調査結果の速報

✕【トラブル】　一生懸命プレゼンしたのに…
　多くの手間をかけた調査の報告にあたって伝えたいことがたくさんあり、一生懸命報告書を作成し、プレゼンテーションも時間をかけて行った。しかし、報告会で寝ている人が多く、報告を受ける側にとっては、関心のない報告になってしまった様子であった。

○【改善提案】　調査依頼者の調査に対するニーズを理解し、そのニーズに応える報告書を作成するとよい。その結果、調査結果に対する聴き手の関心と理解が深まり、報告の際に、質問や議論が盛んに行われ、調査依頼者の課題解決の助けになるだろう。

いずれにしろ、調査報告の機会はコミュニケーションの機会であることを理解し、調査依頼者などの調査報告を受ける側のニーズをしっかり把握し、そのニーズを満たすものでなければならない。また同じ調査結果でも、報告を受ける側の立場により報告する内容を変えるなど、適宜対応するのが望ましいだろう。

1) 報告書作成の留意点

報告書は伝える相手への配慮が必要である。報告書作成時の留意点を表9.3 にまとめた。

■■■ 報告書の種類

報告書は、大きく分けて 2 種類作成することを勧めたい。ひとつは、調査結果が綿密に記述され、提言までが含まれた調査報告書（「本調査報告書」と呼ぶことにする）である。もうひとつは、調査報告を受ける人のニーズに応じた報告書（「プレゼン用報告書」と呼ぶことにする）である。プレゼンは presentation を縮めた慣用表現であり、プレゼンという英語はない。

「本調査報告書」は、調査結果を多面的に分析した結果や、重要と思われる考察が記述され、提言も多岐にわたったものが含まれる報告書となる。この報告書によるプレゼンテーションは行われないが、調査依頼者に渡され、必要に応じて閲覧されることが望ましい。同時にその後の調査の 2 次データとなるべきものである。

それに対して「プレゼン用報告書」は、調査報告を受ける人のニーズに的確に応えた報告書である。そのため、報告内容のポイントは絞り込まれ、提言も今必要なアクションに対応するものでなければならない。

一つの調査結果でも、開発チームに開発の方向性を示唆したり、マーケティング部に戦略立案の提言をしたり、経営陣に対して経営判断を促す場合がある。従って、報告する相手や報告時間によって報告内容は違っ

てくるので、プレゼン用報告書は数種類作成する必要があるかもしれない。

上述したとおり、報告は重要なコミュニケーションである。相手に応じた報告書作成の手間を惜しむと、高い情報価値を生み出すことができないことを留意してもらいたい。作業手順としては、本調査報告書を作成し、それを土台としてプレゼン用報告書を作成する手順が望ましい。

表9.3　良い報告書を書くための留意点

わかりやすい	内容は論理的で明確に記述され、流れのある構成になっていること。また表やグラフが効果的に使われ、わかりやすさ、理解しやすさに重点を置くこと
客観性	常に客観的な視点に立ってデータを分析し、報告書を作成する。不必要に気を使った表現や記述は避ける。客観的な「調査結果」と分析者の視点が含まれる「考察」、「提案」は区別して記述すること
簡潔性	できるだけ簡潔明瞭を心がける。不要な説明、表現、言い回し、比喩は避け、ポイントを絞った表現を使う
専門用語への配慮	調査の専門用語はできるだけ使わないことが望ましい。使わざる得ない場合は、脚注などで簡単に説明を入れる

> ✗【トラブル】　**分析していないことに質問が集中**
> いきなりプレゼンテーションに向け報告書を作成した。プレゼンテーションで十分分析していないことについて質問を多く受け、的確な応答ができなかった。結果的に聞く側に不満の多い報告となった。
>
> ○【改善提案】　多面的な側面から検討・分析された本調査報告書を作成し、それに基づいてプレゼン用報告書を作成するとよい。プレゼンテーション時に、説明しなかった分析についての質問にも的確に応答できることになる。

9.2　報告書・プレゼンテーション　209

■■■ 本調査報告書の書き方

「本調査報告書」の書き方について説明する。報告書に記載する主な項目は次の通り。

本調査報告書 記載項目

❶ 調査課題　　：当該調査が何の目的で行われたかを記述されたもの
❷ 調査概要　　：調査の手段が記述されたもの
❸ まとめと考察：調査の結果をまとめたものと調査結果の考察
　　　　　　　　場合によっては調査結果からの提言などが記述されたもの
❹ 調査結果の詳細：調査の結果の詳細について記述されたもの
❺ 添付資料　　：調査で使われた調査票や調査結果のところに記載されなかったデータや補足の資料など

　調査報告書に決まった書き方があるわけではないが、最低必要な項目としてあげておいた。また、項目の順序もいろいろあるが、「調査課題」を最初に書き、「添付資料」を最後に付けることが、比較的多い。
　「まとめと考察」と「調査結果の詳細」のどちらを先にするかは、状況によって違う。話の流れとしては、「調査結果の詳細」を説明してから「まとめと考察」を説明するのが自然なので、その順序が良いように思われるが、ビジネスにおいては、結論から述べて、その理由を説明することが有用な場合も多い。調査のたびに項目や項目の順序が違っていると読みづらいので、項目や項目の順序は自社内で標準化しておくとよい。それぞれの項目についての作成要領を表9.4にまとめた。

サマリーは簡潔に
　これら以外には、「サマリー（要約）」を一番最初に記述することもある。これは忙しい人にこの部分だけを読んでもらうためのものである。また、当該調査の全体概要を先に説明することによって、聞く側の問題意識を高める効果もある。従って、サマリーは簡潔に記述されなければならない。

表 9.4　調査報告書の構成

❶ 調査課題	
調査目的	どんな目的で調査が企画され、どのようなことに役立てようとしているかが記述されている
調査背景	市場環境や自社またはブランドが置かれている状況など、調査における重要な背景が 2 次データなどを基に記述されている
❷ 調査概要	
調査方法	どのような方法で調査されたかを記載 例）訪問調査、WEB 調査、郵送調査など
調査地域	どの地域で調査されたかを記載 例）日本橋を基点とする首都圏 40km 圏内、1 都 3 県（東京 / 千葉 / 埼玉 / 神奈川）など
調査対象者	サンプリング方法、サンプル数、対象者の人口属性、その他リクルート条件など
調査フロー	調査が行われた手順や質問票の流れなど
使用材料	調査に使われたもの（パッケージデザインや提示した写真など）の記載
調査期間	調査が行われた時期や期間
❸ まとめと考察	
調査結果のまとめ	調査結果を簡潔にまとめたもの。調査課題を念頭に置きながら特に重要と思われる点について言及されたものが望ましい
考　察	調査結果からそのような結果になった理由や背景、消費者行動の構造的な部分について推察されたことなどを記述する。発見的な内容も含め、調査結果を読み解いた内容である
提　言	調査結果や考察から、今後とられるべきマーケティング行動や判断について、言及したものである。いわば、コンサルテーションの部分である
❹ 調査結果の詳細	（詳細な項目は調査によって違うので、ここでは記述上の留意点をあげる）
視覚化	定量データは、見やすい表やグラフを用い、要点がわかるように色や記号を使う。表やグラフはフォームを統一しておくと見やすい。定性データの場合もフローなどを使い、視覚的に理解しやすいように工夫しておくと良い
配　置	調査結果は調査フローに沿って、報告されるのが基本であるが、読み手の理解のしやすさなどを考慮して、データの配置を決めなければならない。分析は大きな枠組みから詳細な枠組みへと報告する。例えば、ある質問においては、対象者全体での調査結果から、男女別や年齢別の調査結果へ、より詳細な情報に流れていく
❺ 添付資料	

■■■ 表・グラフの使い方

　表やグラフの使い方について、補足的に説明しておく。詳しくは 7.3 節を参照のこと。

● 表・グラフの使い方の秘訣

①**質問の記載**
　定量調査の調査結果を表やグラフにする場合は、元の質問も一緒に記載しておく。調査票を見ながら、レポートを読むことは手間なので、どの質問に対する結果なのかがわかるようにしておく。

②**対象者プロフィール**
　表やグラフを構成している対象者のプロフィールも記載しておく。その表やグラフがどのような対象者を基にしているかがわかるようにしておくことは大事である。

③**調査対象者の人数（n 数という）**
　表やグラフには、調査対象者の人数（n 数）を記載することが望ましい。

④**フォームの統一性**
　表やグラフの書き方は統一性があった方が見やすい。

⑤**注目すべき点**
　注目すべき点は、色などを使って目立つようにする。また、注目すべき変化は矢印などを使って、変化の仕方がわかりやすいようにする。

⑥**コメント**　理解してもらいたい点などを簡単なコメントとして書き添えておくのも効果的である。

⑦**タイトル**
　グラフや表には必ずタイトルをつけ、何のための図表なのかがわかるようにしておく。

⑧**通し番号**
　表とグラフが 2 点以上ある場合は、区別するために通し番号を付けておくとよい。

⑨グラフの種類
　グラフの種類は、目的に応じて使い分ける
　　・円グラフ：構成比などを表現するのに良い　　・折れ線グラフ：変化を表すのに良い
　　・棒グラフ：差異を表すのに良い　　　　　　　・ヒストグラム：分布や頻度を表すのに良い

⑩脚注
　表やグラフについて必要な情報は脚注として、表やグラフの下に記す。

⑪有意差検定
　必要に応じて、有意差検定の結果も記載する。推定と検定の意味については3.3節に批判的なコメントがある。つねに有意差検定をすることが意味があるとは限らない。

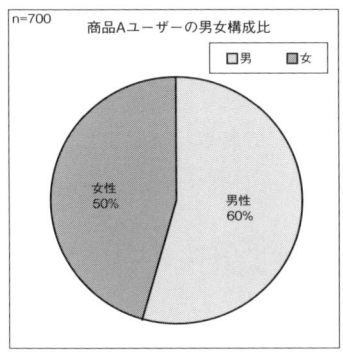

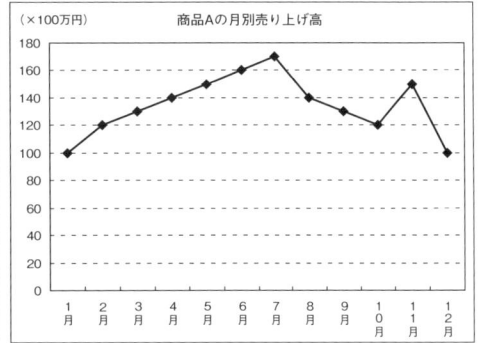

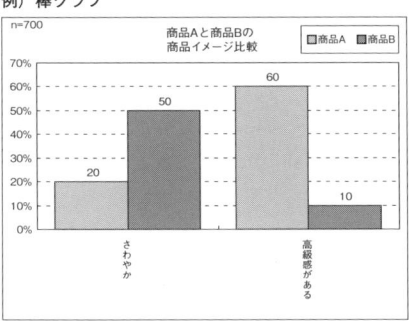

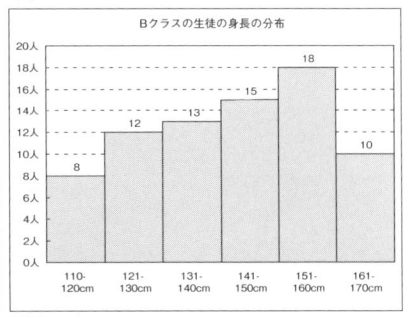

図9.1　グラフによる表現

9.2　報告書・プレゼンテーション

■■■ プレゼン用報告書の書き方

次に「プレゼン用報告書」の書き方について説明しよう。プレゼン用報告書の書き方は、基本的には本調査報告書と同じであるが、以下の点に留意して作成することが望ましい。

● プレゼン用報告書の秘訣

①時間
プレゼンテーションに与えられた時間を配慮して報告書の構成を考える。

②聞く側の興味やニーズ
プレゼンを受ける側の興味やニーズに対して、的確に対応できることを意識して作成する。

③当該調査で重要と思われる点
調査担当者として、特に強調したい点については、明確にしておく。

④簡潔な表現
文章を長々と書かずコンパクトなフレーズにする。グラフを中心にしてビジュアルに表現すること。図9.2にプレゼン用報告書の一部を見本として示す。

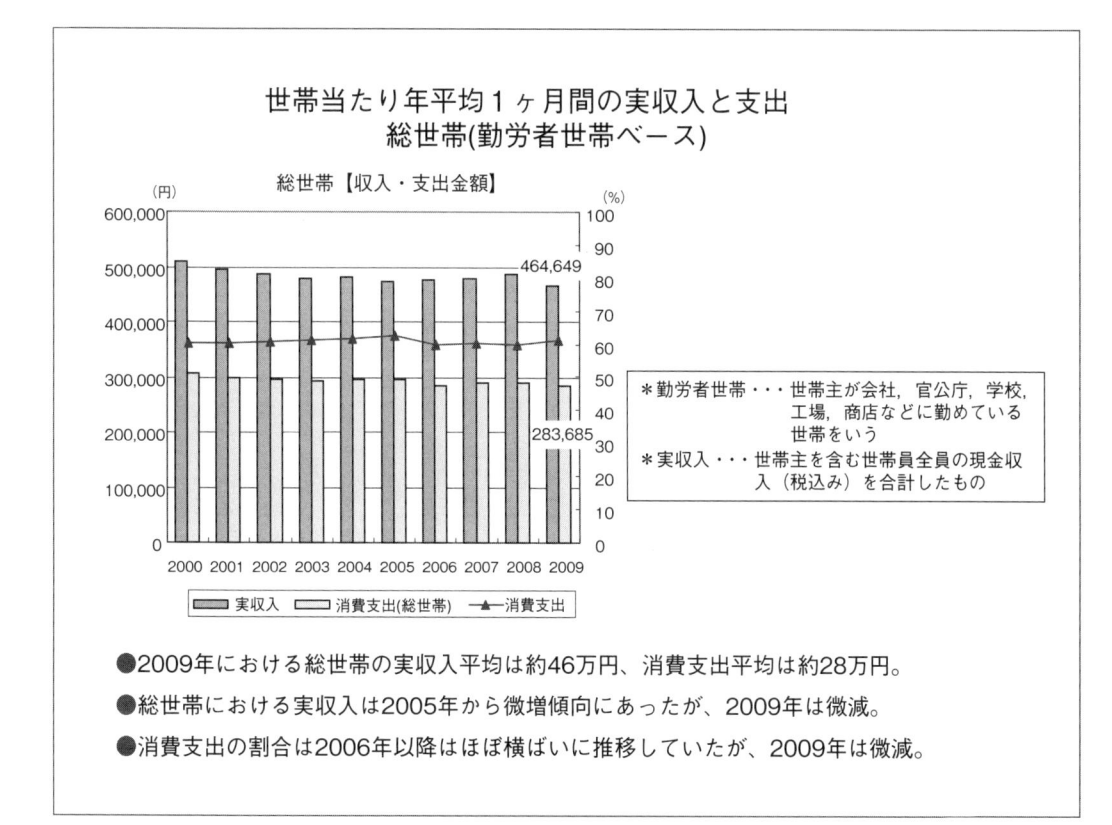

世帯当たり年平均1ヶ月間の実収入と支出
総世帯(勤労者世帯ベース)

●2009年における総世帯の実収入平均は約46万円、消費支出平均は約28万円。
●総世帯における実収入は2005年から微増傾向にあったが、2009年は微減。
●消費支出の割合は2006年以降はほぼ横ばいに推移していたが、2009年は微減。

図9.2 プレゼン用報告書の例

2) プレゼンテーション

報告書がコミュニケーションのための資料であるとすれば、プレゼンテーションはコミュニケーションのための場面である。従って、情報価値最大化の瞬間といえる。調査のプレゼンテーションとして留意する点を以下にあげる。

● プレゼンテーションの秘訣

①調査の専門用語
調査の専門用語に関しては、十分に注意する必要がある。聞く側の調査に関する知識を十分理解し、わかりづらい表現や言葉は避けるようにする。できれば、専門用語は避けるようにした方が良い。もちろん、ふだん社内で使い慣れている言葉や言い回しならかまわない。

②表やグラフの見方
調査結果の説明をする前に、表やグラフの見方を説明した方が良い。表やグラフの見方がよくわからなければ、誤解も起きる。

③読み取ってほしいもの
調査結果から読み取ってほしいことは明確に伝える。単なる調査結果の説明だけでは、理解が不十分になる場合がある。

④質疑応答
質問に対する答えは、「調査結果から言えること」と「そこからの考察・提言」を分けて明確に答えるべき。

⑤追加分析依頼への対応
追加の分析や考察・提言を求められたら、いつまでに用意するかを明確にし、的確に対応する。

✗【トラブル】 なんだかうまく伝わらない…①

プレゼンテーションにおいて、調査担当者の説明後、専門用語の意味や表・グラフの見方についての質問が多くあり、結果的にあまり理解されていないプレゼンテーションになった。

○【改善提案】 専門用語をあまり使わず、表・グラフの見方を的確に説明するとよい。すると、質問は調査結果の解釈や考察についてのものが多くなり、活気のあるプレゼンテーションになる。

✗【トラブル】 なんだかうまく伝わらない…②

調査結果の説明において、表やグラフを見ればわかることをくどく説明してしまい、肝心のそれらデータから読み取るべきことが伝わらなかった。

○【改善提案】 表やグラフの説明は簡単にして、データから理解してほしいこと、読み取ってほしいことを明確に伝える。表やグラフを通じて、調査結果が十分に理解されることが大切である。

3) フラッシュアウト

　現在の事業環境を考えると、業務におけるスピードはますます重要になっている。調査においてもスピードが重視されるようになってきた。スピーディに調査結果が得られるWeb調査の調査件数が顕著に増加している背景には、業務における調査結果の迅速なフィードバックへのニーズの増加があると思われる。従って、調査の結果を早く知りたいというニーズは、今後ますます高まっていくと思われる。

　フラッシュアウトはそのようなニーズに対応するものである。しかし、気をつけなければならないのは、なぜ早く結果を知りたいかである。多くの場合、調査後のマーケティング行動や判断を早くしたい、もしくは次の行動のための準備を早く進めたいということがあると思われる。すなわち、速報といいながら、その内容で多くのことが決まってしまう。場合によっては、最終的な調査報告書ができた段階では、すでに次の行動に入っていることが往々にしてある。

　従って、フラッシュアウトを作成する場合にもっとも気をつけなければならない点は、速報だからと言って、軽く考えないことである。むしろ、現在のマーケティング活動において、フラッシュアウトこそがもっとも重要な調査報告になるケースが多い。

　フラッシュアウトを作成する場合のポイントは右の通りである。

　フラッシュアウトを作成する人は、調査経験の豊富な人がよい。データをじっくり分析・検討する時間がない中で的確なまとめが必要とされるからである。従って、調査経験の少ない人にはお勧めできない。

● フラッシュアウトの秘訣

①調査依頼者側のニーズに即して作成する
速報依頼者のニーズを念頭において効率的にデータを読み、必要な情報に絞ってフラッシュアウトを作成する。

②速報であることを意識する
あくまで速報であることを忘れず、調査結果のまとめを中心に作成し、考察や提言については、報告書を作成するまで言及しないほうが良い。速報依頼者の必要とする情報に絞って作成する。

③簡潔に作成する
簡潔にわかりやすく、ポイントを絞った内容にする。量的には、速報依頼者のニーズや調査そのもののボリュームにもよるが、1ページあるいは見開き1ページに収めるのが良いと思われる。

✗【トラブル】 急いで速報を出したのに…

とにかく速報がほしいとマーケティング部門から依頼され、ざっくりとデータを見て、まとめたものを渡しておいた。その後、調査報告書を作成し、いくつかの点でフラッシュアウトとは食い違いがあったが、そのまま調査結果の報告をした。マーケティング部門から、いまさらこんな結果を出されても困るといわれた。

○【改善提案】 速報依頼者の必要とする情報に絞ってフラッシュアウトを作成し、その後の調査報告書で詳細な分析や考察や提言を行うとよい。フラッシュアウトの内容と報告書の内容が整合的で矛盾がないようにする。

9.3 情報の活用と管理

1) 情報の活用

　情報の価値最大化のために、情報の活用に重点を置く企業が増えている。従来、調査結果は一部の部門や担当者によって活用されていたが、コストパフォーマンスを考えるにあたって、パフォーマンスの最大化の側面も重要になっている。

　そういった意味で調査結果は企業内のできるだけ多くの人に共有化され、業務に活用されることが望ましい。もちろん、すべての調査結果が共有化されることが良いわけではない。多くの人や多様な部門に共有化されることが望ましい調査は次の調査である。

結果を共有したい調査

- 消費者実態／意識／態度調査
- カテゴリーニーズ調査
- 生活者意識調査、ライフスタイル調査

　これらの調査結果はマーケィング部門が活用するのはもちろんであるが、他部門でも必要なものである。活用例を表9.5にあげる。

　もちろん、これら以外の調査結果で共有化されることが望ましい情報はたくさんある。それぞれの企業で共有化されることが望ましい情報を選別し、積極的に共有化を進めることを勧めたい。

　企業によっては、マーケティング情報システム（社内イントラネットでPOSデータや調査結果が閲覧できるシステム）で情報の共有化を進めているところもあり、近年、企業における情報の共有化はかなり進んでいる。

表 9.5　部門別調査結果の活用

部門名	活用内容
営業関係	客先への商談やプレゼンテーションの材料となる 営業戦略を構築する上での基礎資料になる
開発・研究所	開発へのヒントになる。研究開発戦略構築のための基礎資料となる
経営企画関係	中期経営方針や経営戦略を構築する上での基礎資料となる 新事業参入計画の基礎資料となる

✗【トラブル】　会議でマーケティングプランの議論ができなかった

新しいマーケティングプランをマーケティング部門が会議で説明したとき、その背景にある消費者実態についての質問が多く出され、肝心のマーケティングプランについての議論がほとんどなされなかった。

○【改善提案】 消費者実態調査の結果を関係各部門に事前に共有化しておくとよい。すると新しいマーケティングプランをマーケティング部門が説明したときに、そのプランが消費者にどのような効果があるかを、消費者実態調査結果も加味しながら活発な議論ができる。

9.3　情報の活用と管理

2) 情報の管理

　近年、機密情報管理が企業にとって重要な問題になっている。機密情報漏洩の問題などが取りざたされる昨今である。調査結果にも重大な機密情報が含まれる場合があるので、情報管理については十分に留意する必要がある。
　できれば企業内のセキュリティシステムを構築し情報の管理を徹底する必要があるだろう。情報の管理について重要と思われる点を次にあげておく。

● 情報管理の秘訣

①ローデータの管理
　ローデータは、調査担当者以外は扱えないように管理する。もちろん、ローデータを他部門に渡すことは禁止しておくことが望ましい。CD-ROM で保管しておく場合は、鍵のついた場所に保管しておく。サーバーに保管する場合は、パスワードなどでアクセス制限をしておく。

②調査結果の取り扱い
　本調査報告書は、ローデータと同じ扱いが良いであろう。調査報告書は、他部門には紙ベースで渡し、ファイルベースで渡すことはできるだけ避けたほうが良い。ファイルがネット上に流出すると、回収不可能な事態になる。

③機密性による分類
　調査ごとに機密情報がどの程度含まれるかを判断して、機密性の高い情報に関しては、より厳しい管理基準を設定するとよい。機密性の高い調査結果報告書には通し番号をふり、どの部門の誰に報告書が渡されたかを管理しておく必要がある。

④データの保管期間
　データの保管は、電子的データファイルで保管することが望ましい。紙ベースのデータは一連の作業が終わり、問い合わせなどが一段落したら破棄すると良いだろう。データの保管期間については、データの種類によって違うので表9.6を目安にしてほしい。

■■■ データの保管について

表 9.6　データの保管期間

調査のタイプ	データタイプ	保管期間の目安
ベンチマーク調査	ローデータ	基本的には永久保管 長期的な時系列分析に活用できる
	報告書	2次データとしての活用されることがなくなれば、破棄してよい
アドホック調査	ローデータ	2次データとして、加工されることがなくなれば、破棄してよい
	報告書	2次データとしての活用されることがなくなれば、破棄してよい

「消費者実態/意識/態度調査」のような基礎的な調査に関しては、長期的な時系列分析に使えるので、永久保管を基本にするのが良い。

特定の目的のために行われたアドホック調査は、2次データとして活用されることがなくなれば、保管しておく必要はないだろう。ただし、ノルム値などに活用する場合は、ノルム値として必要なデータだけを取り出して、別途保管する必要がある。

✕【トラブル】 ローデータが欠損！
ローデータの管理ができていなかったため、誰かがローデータを使い、データそのものが欠損してしまう事故が起きた。

〇【改善提案】 ローデータは他部門の人がアクセスできないようにして、新たな切り口でクロス表が必要な場合は調査担当者が、要望に対応するような業務ルールにするとよい。

■■■ 管理基準を作成する

　もちろん、紙ベースでもコピーをして情報を意図的に流出させることはできるが、その辺りは、各企業のCSRの問題であろう。また機密情報管理のためのPCやUSBの管理基準を定めている企業も多いと思うが、それがない場合は、管理基準を定めることを勧めたい。管理基準の具体的内容については業種などによって、かなり違いがあるので一概には言えないが、基本的な考え方としては「データを持ち出さない、持ち出させない」を基に管理基準を作成すると良いだろう。

　調査対象者の名前や住所、年齢などの個人情報の管理については、基本的には個人情報を保有しないことが第1である。つまり、調査対象者の個人情報は調査会社に任せ、一切関与しないことが望ましい。アンケート封入調査など自社で直接調査対象者から情報を集めた場合は、調査が終わった段階で個人情報を破棄することが望ましい。

　調査結果の管理・運用については、すでに述べたとおり、当該調査がその目的を終えた後は、2次データの役目をはたす。従って、調査レポートは次の調査のための重要な情報源となるので、適切な管理を行い、2次データとしての活用がしやすいように、保管しておくことが望ましい。

✕【トラブル】機密情報がネットに流出！
機密情報が多く含まれた調査結果を関係各部門の人にメールでファイルとして添付し送信した。その後にインターネット上にそのファイルが流出し、誰でも見られる状態になってしまい重要な機密情報が社外に流出した。

〇【改善提案】 調査結果は原則紙ベースによる配布として、機密性の高い調査結果はナンバリングして、どこの誰に渡したかがわかるようにするとよい。

星野朝子

第10章
リサーチに対するリサーチユーザーの期待

POINT

- リサーチには情報科学・生理学・心理学など多分野にわたる横断的な知見を必要とする
- 社会トレンドにもとづいて将来における顧客ニーズを把握して商品開発に活かすことが求められている
- これからのリサーチは仮説の発見と市場創造の機能に力点をおいてもらいたい
- リサーチとは、航海する船（会社）にとってのコンパスである
- 求めているのは、常にベストをめざすリサーチのプロフェッショナルである

この章では、マーケティング・リサーチの実務で御活躍の日産自動車の星野さんに、これからのリサーチへの期待を語っていただきたいと思います。まずはお勤めの会社でのリサーチの現状から伺います（編者）。

リサーチの現状をどう見るか

星野：問題・課題は山積しております。自動車の場合は、車作りやラインナップ戦略が4年から7年、長期的な技術戦略は最低でも10年、20年という単位で先を考えなくてはいけないので、現在のお客様がどうなのかだけではなく、社会が5年後10年後、さらにその先にどのように変わるのかということを見すえることが大事になります。現在のニーズだけを見つめて商品を作ると、市場に出したときにはすでに古くさくなっていたり、競合他社の後追いに過ぎないものしか出せなくなっていたりします。この「長期トレンドの理解とそれを織り込んだ提案」が大きな課題のひとつです。

今日の当社の商品や技術開発提案では、その商品なり装備はお客様にどのような新しいベネフィットを提供できるのか、というトップからの質問に答えられないと承認は降りません。しかも、その新たに提案される価値が、社会の長期トレンドと合致していないといけません。カスタマー志向の徹底はゴーン改革の柱のひとつですので、リサーチへの期待については、この10年間で相当変わりました。

まだクルマや搭載される技術の実物やプロトタイプも出来ていないコンセプトの段階で、お客様の将来のニーズや新しい価値観をどうやって商品開発に反映させるのかということが我々にとって重大なテーマです。このテーマを得意とする調査会社は日本にはまだあまりないように思います。

商品が出来てしまえば、あとは評価系の調査になってきます。プ

ロダクトクリニックの自動車評価やCM調査などのテーマは、既存のリサーチ会社のお得意の分野なので、そこは粛々とやっているといえます。

編者：わかりました。リサーチのテーマに応じてリサーチに求められる機能も変わってくるわけですね。リサーチで及第点が出せるのが実態調査と現状診断だということですので、要するに開発系のリサーチについては方法論が弱いのではないかという問題をご指摘いただいたと思います。将来を予測するためのリサーチやコンセプトジェネレーションの方法論は、マイルドな言いかたをすれば発展の余地があるということですね。

星野：はい。発見的な調査では、こういう手法を使えば必ず成功するという手法はまだないと思います。我々はグローバルにカスタマーからの声を代弁し、長期的な社会トレンドを社内に発信、浸透させる部署なので、そのアウトソース先として考えたときに、進んでいる国の発見型の調査を専門としてやってくれるパートナーたちのパワーと、日本の調査会社のレベルが全然違います。

編者：先端的な会社はこんなに違うという事例を教えていただけませんか？

星野：例えばある社会学者が、"社会の中にこういう新しい価値観を持ったセグメントが出てきた"、と言っていたとします。そうすると、

コンパクトなSUVクロスオーバーへのニーズをみごとに掘り当てて、日欧で大ヒットになった日産JUKE

その人々はどんな人なのか知りたくなりますよね。そのための調査を依頼すると、そのセグメントの特徴を徹底的に調べて、そこにバイオロジカルな違いがあるということを発見し、セグメント間の明確な違いを説明するわけです。自社で大学へのネットワークを沢山持っていて、世界中に研究者がいますから、研究者のネットワークを使ってまとめあげて説明し、提案をしてくれます。

編者：そうすると、知識の発掘源がグローバルだというのがひとつのポイントで、もうひとつは学際的なアプローチをとって、社会科学の範疇にしがみつかないという柔軟性が必要ですね。理系も文系も問わず横断的に知見を深めるというアプローチでしょうか？

星野：そうです。そのように多種多様な専門家の研究結果や知見をふまえてのリサーチには、大いに刺激されます。グローバルのネットワークを持ち、このような提案をしてくれるリサーチ会社は日本にはまだ少ないようです。

　技術関連の調査でも、これまでは各技術要素ごとに、縦割りでの専門性を問われてきたのだと思います。それが最近は、横断的で目的的に専門性を問われる時代になってきました。例えば「人間に快適だと思わせるための技術」と規定したときに、この命題に対する解決策は決してひとつの技術要素だけからもたらされるものではなく、横断的にシナジーをもって、いわゆる技術の分野だけではなく、心理学や感性の世界までをも取り組むことで初めてブレークスルーが訪れるのだと思います。このようなネットワーキングを必要とする課題の場合、特に日本では「それって誰に頼めばいいの？」といった感じです。

編者：社会にとって価値あるものを創造するのがマーケティングであるというのが、2007年のAMA*の定義ですね。マーケティングは単一の学問分野だけで解決できるような活動ではありませんから、学際的にアプローチする必要があるでしょう。

　グローバルという話が出たので、つぎに海外におけるリサーチ

*AMA
米国マーケティング協会
(American Marketing Association)

について伺いたいのですが、海外でのリサーチでは最近どのような問題が起きているのか、何が難しいのかなどの苦労話をお聞かせください。

星野：国によって状況が違います。アメリカやヨーロッパは、日本のリサーチ業界としてベンチマークにしてもいいほど専門性も高く、新しい調査手法の提案も多いですし、面白い視点を提供してくれるリサーチ会社も多々あります。中国は、ヨーロッパを抜く勢いで自動車の市場が伸びているので、調べないといけないことが山積です。多くのグローバル調査会社がすでに進出しているので、実態把握型調査の方はそれなりに出来る会社があり心配はしていませんが、将来を予測するには、まだまだ難しいですね。その他の新興国にも、経験のあるリサーチ会社は存在しますが、やはり欧米のようにはいきません。さらに、リサーチ会社自体がないような国では、文字通り自ら飛び込んで手探りでやっています。

編者：社会制度や環境条件が異なると、リサーチの対応も様々ということですか？

星野：先方にとっても私たちの言っていることがきっとよくわからないのだと思います。調査会社のレベルの問題もあるし、むこうの市場の常識を私たちが良く知らないので、もしかしたら、「火星に海はあるか？」「その海は何色か？」みたいな質問をしているのかもしれません。

COLUMN
AMAの2007年のマーケティングの定義

Marketing is the activity, set of institutions, and processes for creating, communicating, delivering, and exchanging offerings that have value for customers, clients, partners, and society at large. (Approved October 2007)

マーケティングとは、顧客、クライアント、パートナー、さらに広く社会全体にとって価値のある提供物を創造し・届け交換し合うための活動であるとともに、その活動のための仕組み、一連のプロセスをさす。

http://www.marketingpower.com/AboutAMA/Pages/DefinitionofMarketing.aspx

3Dの情報技術・新技術による調査

編者：3Dの世界で実物を見ているような気にさせるような情報技術によって、これまでの会場テストによるプロダクト・クリニックに代替できるのか、それは無理で、現物を使わなければ製品の評価は出来ないのか。これからどうなるのでしょうか。

星野：車のデザインの評価について言うと、映像の技術で、実物大の3次元で物体を見せる技術はすでにあります。それを見せての評価と、実物のクルマを見せての評価の両方をとって、どう違うかというようなところまでは調べています。3Dでの調査は、技術の進歩とともに、ますます重要になってくると思います。クルマのデザインだけではなく、テレビやネット広告や映画広告が3Dになってくれば、必然それらのクリエイティブテストも3Dを使ったものになるでしょう。

編者：では、3Dの他に新しい技術を使ってのリサーチの可能性についてはいかがでしょうか。

星野：すでにアイカメラを使ったリサーチは多く行われていますが、使い勝手がよくなるにつれて、適用は多くなると思います。もうひとつはやはり、脳波などの生体反応の測定ではないかと思います。脳波を測定しても、脳波の反応が何故起こったのか、改善するにはどうすればよいのか、やはり言葉に置き換えてもらわないと、受け取る側が理解できないことから、適用がなかなか進まないと言われていると思いますが、そんな理屈のいらない世界で、たとえば色々な色、味、香りなどをテストし、もっとも脳波が反応したものを理屈なしで採用する、など。脳の世界の解明には、もっと期待したいです。

これからのリサーチに望むこと

編者：星野さんにとって、または日産自動車にとって、リサーチの価値とは何だと思われますか？

星野：会社の経営を航海に例えると、リサーチの価値はコンパスのようなものだと思っています。コンパスがなければ、現在どちらの方向に向かっているのか、どの程度進んだのかさっぱりわかりません。嵐のさなかにコンパスを気にする人はいないかもしれません。しかし、航海を進めるには必須です。そのコンパスも、単なる方向を示すだけではなく、衛星からの地図情報が反映されたり、海の深さがわかったり、障害物情報があったり、仲間の船の情報までわかったりと、時代にあったインテリジェントなコンパスでなければなりません。

編者：なるほど。リサーチとは、商品開発者やマーケターだけでなく、経営者にとってなくてはならないものであるということですね。

では最後に、リサーチユーザーとしてリサーチへの今後の期待をご提言ください。

星野：我々としてはリサーチ会社には専門性を求めています。

今日の市場では実態調査をやって得られた発見で競争優位に立つということがどんどん難しくなっています。つまり実態把握をしているだけでは、どの企業でもほぼ同じ情報しか得られないわけですから、競争優位にはたてません。そこで実態把握型の調査ではない分野でいかにカスタマーオリエンティッドな提案ができるかというところがこれからの勝負になってくると思います。つまり仮説の発見性と市場の創造性に力点をおいていただきたい、これがリサーチに一番期待することです。

2番目はコスト意識です。メーカーは熾烈なコスト競争にさらされています。パートナーとして仕事をするということは、いかにそのリサーチユーザーのコスト競争力に貢献できるかという観点

で協力してくれるかということだと思います。特に毎年行う似たような実態把握型調査については、コストは毎年下がるべきものと思っています。画期的なコスト削減の提案も、やはり欧米のリサーチ会社のほうが今のところ優れているように感じます。シンジケート調査が少ないのも日本の特徴です。理由は色々あると思いますが、そこにもリサーチ会社のリーダーシップの発揮どころがあるように感じます。

編者：まだ顧客アンケートに経験の浅い企業の方にとっては、リサーチ会社に頼る場面が出てくると思います。どういう会社をパートナーに選べばよいのかが迷うところでしょう。星野さんの考える魅力あるパートナーとは何でしょうか？

星野：特徴のないリサーチ会社は、今後ますます魅力がなくなると思います。「言われたことを一番安く速くやります」なのか、「あなた達のクリエイティビティを刺激してみせます」というのか、「世界一のハイテク・リサーチ技術を持っています」というのか。それがどこもここも同じに見えちゃうというのが、よろしくない兆候だと思います。

　　私が求めているパートナーは、リサーチのプロフェッショナルです。プロである以上、自らの専門性を発揮し、責任を持って仕事を遂行することは当然のことながら、同時にその分野でのトップを目指して精進するべきものだと思います。やらされるのではなく、やり遂げる。ベターではなくベストを目指す。常にブレークスルーを模索する。そのような姿勢を持った人々で構成されたチームと仕事ができれば、必ずすばらしい結果がついてくると思います。

編者：なるほど、厳しい御意見ですね。リサーチ会社は企業のマーケティング活動のお手伝いする仕事をしているわけですが、まずは自らの会社のマーケティングのために得意分野を差別化する必要があるということですね。小売店支援に強いとか医薬品に強いとか、独自性がはっきりしていると相談先も選びやすいですね。マーケッ

ト自体がダイナミックに変化しているのですから、常に想定しなかったリサーチ課題が出てくるのが当然でしょう。前例のない新しい課題にチャレンジするのはプロフェッショナル・サービスであれば当然の務めでしょうね。

　私はリサーチを通じてリサーチユーザーとリサーチ会社が互いに切磋琢磨して向上していく関係が望ましいのではないかと思います。星野さんのお話は、我々マーケティング研究者を含めてリサーチ関係者への叱咤激励の言葉と受けとめました。有難うございました。

本章のディスカッションは、マーケティング・リサーチャー No.100 の座談会における星野氏の発言をベースにして、その後の編者との対談を通じて全面的に加筆修正したものである。

付録 A　アンケート調査の情報源

■相談窓口

　Web 上には無料でアンケートができる ASP サービスがいくつも存在する。しかしこのようなオープンなアンケート結果をビジネスの意思決定に使うことは危険である。なぜなら本当に自社がターゲットにしたい顧客が答えたのか、それとも競合他社の社員がかく乱を狙って書き込んだのかが識別できないからである。回答者が自分で回答したいアンケートを選べることをセルフセレクションという。セルフセレクションを認めると回答者にバイアスが生じるのは当然である。バイアスを避けるためには、クローズドなパネルを設置して、むしろ調査者側が回答者を選択できる仕組みにすることが不可欠である。それに ASP の場合は調査票の作成から集計分析まで全ての作業がユーザーの自己責任になる。そういう実施技術の面からみても、調査の専門会社の協力を得て調査を行うのが望ましいと思われる。

　調査会社の選定基準は 4 章で体系的に示したので参考にしてもらいたい。具体的にどの会社がどういう分野が得意なのかについては、次の協会に相談することを勧めたい。

　　　　　一般社団法人日本マーケティング・リサーチ協会（略称：JMRA）
　　　　　〒101-0044　東京都千代田区鍛治町 1-9-9　石川 LK ビル 2 階
　　　　　　　　　　　　　　　電話番号：03-3256-3101

　この協会では会員各社の得意分野を紹介してくれる。医薬品関係に強い会社、広告評価に強い会社など各社にはそれぞれの得意分野がある。調査の専門会社であるからリサーチと販売キャンペーンを混同するような誤解もないであろう。ところでデータ収集の業務を調査会社に委託する場合でも、アンケートすべき内容は調査を依頼する側が考えることである。さらにデータの集計分析についても理解があった方がよい。何故なら何も理解していないと外注する際も委託先に適切な指示ができないからである。従って本書 5 章

以降の実務的な内容についても調査の発注者側が理解していることが望ましい。

■**重要なURL**
（2011年9月1日現在）

日本マーケティング・リサーチ協会　http://www.jmra-net.or.jp/
日本能率協会総合研究所マーケティング・データ・バンク
　　　http://www.jmar.co.jp/MDB/index.html

帝国データバンク
　　　http://www.tdb.co.jp/knowledge/marketing/index.html

総務省統計局ホームページ　http://www.stat.go.jp/
統計情報研究開発センター　http://www.sinfonica.or.jp/
群馬大学教授　青木繁伸先生のホームページ
　　　http://aoki2.si.gunma-u.ac.jp/

香川大学教授　堀啓造先生のホームページ
　　　http://www.ec.kagawa-u.ac.jp/~hori/

調査関係の貴重なリンク集を含む。堀啓造先生は2010年に逝去された。

■**ブックリスト**

　本書によって顧客アンケートに最小限必要な実務知識は早分かりできたと思う。ここでは読者が、さらに深く調査を理解し活用するのに役立つ図書を紹介しよう。読者がかかえる調査テーマと問題意識によって必要な内容が異なるであろうから、適宜選択して読んでもらいたい。

【マーケティング全般】
(1) 小川孔輔（2009）「マーケティング入門」日本経済新聞出版社
(2) 池尾恭一・青木幸弘・南知恵子・井上哲浩（2010）「マーケティング」有斐閣

　(1)と(2)は日本の研究者によってまとめられた本格的なテキストである。ようやく日本も蘭学事始めの段階から脱して純国産のテキストが生まれたこ

とを喜びたい。いずれもマーケティングに関して学ぶべき内容を体系的に網羅している。この順に読まれることを勧めたい。

【消費者行動論】

(3) 新倉貴士（2005）「消費者の認知世界」千倉書房

(4) 田中洋（2008）「消費者行動論体系」中央経済社

　消費者の認知にテーマを絞った専門書としてはこの2冊がある。広範にわたる問題をきちんと整理してまとめている。どちらもお勧めである。

【テキストマイニング】

(5) 上田隆穂・他（2005）「テキストマイニングによるマーケティング調査」講談社

(6) 松村真宏・三浦麻子（2009）「人文・社会科学のためのテキストマイニング」誠信書房

(7) 豊田裕貴・菰田文雄編著（2011）「特許情報のテキストマイニング」ミネルヴァ書房

　テキストマイニングについても近年は書籍が充実してきた。(5)はテキストマイニングの諸問題を体系的に示している。(6)は松村真宏先生が開発されたフリーソフトの使い方を紹介した本である。本書の6章は主として(6)に依拠している。(7)は題材として特許情報を取り上げているものの、マーケティング分野からみても示唆の多い成書である。

【統計分析】

(8) 簑谷千凰彦（2009）「これからはじめる統計学」東京図書

(9) 南風原朝和（2002）「心理統計学の基礎－統合的理解のために」有斐閣

(10) 朝野熙彦（2000）「入門多変量解析の実際（第2版）」講談社

(11) 朝野熙彦他（2005）「入門共分散構造分析の実際」講談社

7章と8章を読んで統計学を基礎から勉強しなおす必要性を感じた人がいるかもしれない。お手軽な計算マニュアルを読んでも真の理解には至らないので、結局は基礎から学ぶのが統計学を正しく使いこなすための近道である。(8) と (9) は統計学の本質を説いた感覚の新しい入門書である。(8) は統計学の歴史にも触れており統計学の諸概念が生まれた動機が理解できる。(9) はコンパクトな本ながら内容は濃く、消費者心理を分析する統計手法を統合的な視点から解説している。表面的かつ断片的な知識では通用しないことが分かる。(10) と (11) では8章に続く発展的な内容を扱っている。

【マーケティング・リサーチ】

(12) 日本マーケティング・リサーチ協会編（2004）「マーケティング・リサーチ用語辞典　改訂新版」同友館

(13) 朝野熙彦（2000）「マーケティング・リサーチ工学」朝倉書店

(14) 上田拓治（2010）「マーケティングリサーチの論理と技法（第4版）」日本評論社

　マーケティング・リサーチ専門の辞典としては (12) が良い。(13) はレベルとして本書の次のステップに位置づけられるテキストである。(14) は網羅的な実務書である。

【定期刊行物】

(15) マーケティング・リサーチャー：日本マーケティング・リサーチ協会

(16) マーケティング・ジャーナル：日本マーケティング協会

(17) マーケティング・サイエンス：日本マーケティング・サイエンス学会

(18) 行動計量学：日本行動計量学会

(19) Journal of Marketing Research: American Marketing Association.

　これらがマーケティング・リサーチに関係する主要な定期刊行物である。中でも (19) はマーケティング・リサーチの先端的な専門ジャーナルである。

付録 B　リサーチに関する類似語・略語

　ここでは初心者が混乱しがちなリサーチ関係の用語を解説する。とくに学術用語と慣用語、和製英語、そしてローカルな社内用語などが入り乱れていて紛らわしい類似語・略語を取り上げて交通整理を試みた。また正しいと思われる英字も付記した。

＜あ＞

アクセスパネル　access panel　　　　　　　　　　　　　　　　　アクセスパネル

　調査への協力を前提に、あらかじめ登録された調査対象者からなる集団、あるいはそのデータベースのこと。個人情報保護法の施行後、住民基本台帳による無作為抽出に制約が設けられたため、あらかじめ調査協力者を募集しアクセスパネルとして登録させたものを母集団とみなし、調査案件に応じてその中から対象者を抽出して実査を行うことが広く行われている。ネット調査の会社はパネルにそれぞれ会社固有の名称をつけて運用している。

横断的調査　cross-sectional research　　　　　　　　　　　　　おうだんてきちょうさ

　ある時点での調査対象者の状態や意識を調査するもの。アドホック調査 ad-hoc survey は個別の問題に対応する調査というニュアンスが強いが、実質的にはほぼ同じものをさす。research の代りに study という英字も使われる。横断的調査の対語は縦断的調査。

＜か＞

回答誤差　response error　　　　　　　　　　　　　　　　　　　かいとうごさ

　回答者の心理的な「ゆれ」によって起こる回答の変動のこと。「質問の意味が通じない」、とか「確信をもって答えられない」、といった質問の設計に起

因するものをはじめ、回答時の気分や体調、季節、時間帯によってプラスへもマイナスへも揺らぎが生じる。一般に、回答者に起因する誤差 respondent error は多数の回答を集計することで多少は相殺されるものと期待されている。それに対して、「万引きは良くないことだと思いますか」というような社会的規範を押しつける誘導質問の場合は皆が「はい」と賛成しがちだろう。もし偏りが生じるとしても一定方向にしか誤差が起きないので恒常誤差 constant error と呼ばれる。

きじゅんへんすう　**基準変数**　criterion variable

　予測あるいは制御をしたいという関心を持つ変数のこと。計量経済学でいう目的変数、数学でいう従属変数とは類似語であり、どれも正しい用語である。原因と結果という対比でいえば結果に相当する。基準変数は説明変数とは対語の関係にある。各学問分野はそれぞれ独自の用語を用いているので以下に対照させた。意味は各列が厳密に等しいわけではなくて役割がほぼ類似している、という方が正しい。

変数の名称対照表

分野	予測したい変数	予測に使う変数
CS活動	顧客満足度	サービス活動
マーケティング	購買行動	マーケティング変数
多変量解析	基準変数	説明変数
数学	従属変数	独立変数
実験計画	観測値	制御因子
生産デザイン	総合評価	製品仕様
計量経済学	目的変数	予測変数
因果分析	結果	原因

きよど　**寄与度**　degree of contribution

　寄与度には明確な定義はないのだが、日常的な感覚で使われることが

ある。おおむね独立変数（X）の変化に対する、従属変数（Y）の変動比という意味で用いられる。独立変数が変化するにつれて従属変数が変化する場合、この変化量の比は独立変数の従属変数に対する影響度（weight）と解釈される。この字義通りであれば回帰分析によって推定される偏回帰係数と同じものをさすので、あえて寄与度と呼ぶ必要性があるのか不明である。寄与率とは数学的な関係はあるものの同義ではない。

寄与率　contribution ratio　　　　　　　　　　　　　　　　　きよりつ

　ある従属変数に対して個々の独立変数が与える影響度を全体が100％になるように表したもの。この意味での寄与率については8.3節に詳しい解説がある。その他、回帰分析におけるモデルの説明割合という意味で決定係数と同義で用いる人もいる。

グループ・インタビュー　focus group, focused group interview　　グループ・インタビュー

　集団でディスカションgroup discussionを行うインタビュー法のこと。日本では実務の慣用としてグルインと略称することが多いが、正しくはグループ・インタビューである。米国ではfocus groupとかfocused group interviewと呼んでいる。

決定係数　coefficient of determination　　　　　　　　　　　　けっていけいすう

　回帰分析における基準変数の変動に対する予測値による変動の比。決定係数の大きさは基準変数の変動のうち回帰式で何％説明できたかを意味し、モデルのあてはまりの良さを表す。決定係数は重相関係数（r）の2乗に一致することから、r^2と表記される。ソフトウェアによってはrではなく大文字のRとプリントすることがある。というよりはむしろその方が多い。$0 \leq r^2 \leq 1$である。

付録B　リサーチに関する類似語・略語　　241

こうじょうござ **恒常誤差** constant error

質問に対して回答が生成される際に生じる系統的な誤差。順序効果、系列効果、隣接効果、カテゴリーバイアス等の誤差要因が考えられる。通常は評価対象の提示順序や、選択肢のランダム化によって効果を相殺するように調査設計を行うが、実験計画法を用いて、より厳密に恒常誤差をコントロールする技術もある。しかしながら一人の対象者に繰り返し多くの質問を行うことによる疲労や"あき"によるものは統制不可能であり、対象者の回答負荷が大きくならないように十分考慮する必要がある。

こうじょうわほう **恒常和法** constant sum method, constant sum scaling

恒常和法は Metfessel（1947）が提案した長い歴史を持った測定法である。Metfessel は2つないしそれ以上の数の対象に一定の持ち点を配分する方法、例えば A, B, C ブランドに100点を配分することによって比率判断を求めた。これを日本に紹介した田中良久（1961）をはじめ多くの文献で恒常和法という名称が長年にわたって専門用語として定着している。

ところがより近年になって同じ測定法をチップゲームとか定和法と呼ぶ表記が散見される。実質的に同一の方法に造語や新訳を追加する必要はないだろう。

<さ>

さいせい, さいにん **再生** recall, **再認** recognition

記憶と学習に関する理論では、記憶内容を思い出すプロセスを再生と言い、与えられた手がかり刺激と自分の記憶内容を照合することを再認と呼ぶ。手がかり刺激とは銘柄のリストとかイラストや写真などの素材である。調査の手続きを指すときは再生法、再認法と呼んで区別すればよい。一部に再生、再認をさして純粋想起、助成想起と呼ぶ例も見られるが、これらは学術論文には見られないので実務から発生した慣用語のようである。

サンプルサイズ　sample size

　母集団から1回の調査で抽出するサンプルの大きさのことで、標準偏差やパラメータの標準誤差を評価する際に意味を持つ場合がある。サンプルの大きさをサンプル数と呼ぶのは誤用。1000人を対象とした調査であっても、1回の調査は全体として1個のサンプルだとみなすのが標本調査の理論である。もう一度同じ調査を実施すれば2つ目のサンプルが得られることになる。一方で1000人の対象者というのは、品質管理の分野でいう1回の実験における反復測定数に相当する。

　ちなみに、サンプルサイズを表記する際にNとnが区別なく使われているケースが散見される。悉皆調査（census survey）とは異なり、サンプリングによって得られたデータは誤差を含んでいるため、平均や標準偏差等の標本統計量に誤差が含まれていることを明らかにする意味でサンプルサイズはnと表記するのがよい。

自由回答　spontaneous response, open response

　回答者が自分の言葉で表現する回答のこと。実務ではopen answerという慣用語もあるが、これは和製英語である。free-answerを略したFAも日本語のようである。自由回答を求める質問をopen-ended questionあるいはそれを略してopen-endsというが、その対語はclosed questionである。

縦断的調査　longitudinal research

　ある調査対象群の状態や意識について経時的変化をとらえることを目的として、同一定義のサンプル集団（調査パネル）に対して行う時系列調査（パネル調査）。横断的調査が、ある時点での個人間の差異に着目するのに対し、縦断的調査は個々のサンプルの経時的変化に着目する。researchの代りにstudyという英字も使われる。横断的調査が対語。

せいげんかいとう　**制限回答**　multiple（up to n）
　　　　　日本では一定数まであげてもらう回答形式のことをLA（limited answer）と言っているがLAは欧米では通じない。3つまで選択可能の場合ならmultiple（up to 3）と表現する。

せつめいへんすう　**説明変数**　explanatory variable
　　　　　基準変数を予測したり制御するのに使えるのではないかと分析者が想定して分析に採用した変数のこと。計量経済学でいう予測変数、数学で独立変数と呼んでいる変数と類似語。原因と結果の対比でいえば原因に相当する。基準変数と説明変数は対語であるが、個々の変数がどちらに位置づけられるかは分析目的次第で変わる。たとえば海外旅行の回数を基準変数に設定するのか、それとも説明変数に用いるかは、その時の分析目的で違ってくる。

せんたくしつもん　**選択質問**　closed question
　　　　　選択肢を与えて回答させる質問には様々な形式がある。
　　　　　　・リッカート尺度　　　Likert scale（発音はライカートが近い）
　　　　　　・多肢選択の質問　　　multiple choice question
　　　　　　・二者択一の質問　　　dichotomous question
　　　　　　・SD法　　　　　　　　semantic differential
　　　　　　・評定尺度　　　　　　rating scale
　　　　　選択質問の対語は自由回答を求める質問である。

＜た＞

たしせんたくのしつもん　**多肢選択の質問**　multiple choice question
　　　　　3つ以上の選択肢を与えて回答させる質問のこと。それに対してYesかNoの二者択一の質問はdichotomous questionという。

調査票　questionnaire　　　　　　　　　　　　　　　　　　　　ちょうさひょう

　調査表という表記をしばしば目にするが、「表」は漢字変換の誤りであって調査票はテーブルではない。調査票の同義語として質問紙があり、これは正しい専門用語である。しかしインターネット調査においては紙媒体での質問は存在しないので「質問紙」という用語はネット調査業界では次第に死語になりつつある。

<は>

パーセンタイル　percentile　　　　　　　　　　　　　　　　　　パーセンタイル

　100分位による順序情報の指標。データを昇順に並べたとき、ある値より小さい値を持つデータの個数がデータ全体の個数の何パーセント目に当たるかという順位を表す。四分位でいう第1四分位は25%タイル、中央値が50%タイル、第3四分位が75%タイルとなる。通常の100分率（パーセント）は割合を表すものであり、これとは異なる尺度である。

標準化　standardize　　　　　　　　　　　　　　　　　　　　　ひょうじゅんか

　データ集団に対して、その平均と標準偏差が何か一定の値になるように個々のデータを変換する操作をさす。一番多いのが平均を0、標準偏差を1に調整する場合で、個々のデータに対して、平均との差をとり、標準偏差で除するという処理によって、その標準化ができる。基準化、規準化という字も使われているのでややこしい。

　平均を50、標準偏差を10にしたのが学力テストの偏差値であるし、知能指数は平均を100にとっている。つまり平均と標準偏差を何か一定の値に統一するところが標準化の本質である。それに対して、平均との差をとる平均偏差の操作は中心化 centering と呼ばれる。

ひょうじゅんごさ　**標準誤差**　standard error (S.E.)
　　母集団からサンプルを選んで統計量を求める場合、サンプルを選ぶたびにこの統計量にバラツキが生じるが、この統計量の標準偏差を標準誤差という。通常はサンプルを何度も選び直して複数回調査を行うことはないために、このばらつきは1回の調査から得られたデータをもとに近似的に推定することになる。原データにおけるちらばりの指標である標準偏差と文字が似ているため、とても混同されやすい統計用語である。

ひょうじゅんへんさ　**標準偏差**　standard deviation (S.D.)
　　データ集合全体の散らばりを表す統計量であり、個々のデータとデータ集合全体の平均との差の2乗和を求め、それを平均してから平方根をとったもの。正規分布の場合、平均から±2σにおよそ95%のデータが、±3σにおよそ99.7%のデータが含まれることから、平均からのデータの距離を評価する統計量として使われるほか、統計的推定、検定を行う際の統計量としても重要である。サンプルデータにおける標準偏差を表す記号を s、母集団の標準偏差の記号を σ（シグマ）で区別する。標準偏差は分散の正の平方根である。

ひょうほんごさ　**標本誤差**　sampling error
　　アンケートのようにサンプリング調査で得られた標本の持つ情報（標本統計量）は、母集団の持つ母数と必ずしも一致しない。母数は未知であるが真の値を持っていると理論的には仮定されている。この真の値とのずれを標本誤差と呼ぶ。標本誤差はサンプルサイズが大きいほど小さくなる。

ふくすうかいとう　**複数回答**　multiple-response
　　知名ブランドのように、選択肢を複数回答してよい質問を multiple-response question という。複数回答の対語は単一回答 single-response であ

る。慣用的には multiple answer, single answer あるいはそれぞれを略して MA, SA ということがある。ローカルには通じることがあるが学術用語としては用いない。

母数　parameter　　　　　　　　　　　　　　　　　　　　　ぼすう

　確率分布の形を特徴づけるものであり、一般にパラメータと呼ばれる。正規分布については平均（μ）と分散（σ^2）の2つがパラメータである。

　とても混乱を起こす実務的な慣用表現として、100分率を求める際のパーセントの分母の意味で母数を用いることがある。「リピーター率35％の母数はいくつですか？」という時の母数は、確率分布の母数とは全く意味が異なる。全く異なるものに全く同じ用語をあてることから誤解と誤用が生まれている。

引用文献

Arnould, E.J. and Price, L.L. (2006) Market-oriented ethnography revised. *Journal of Advertising Research*, Vol.**46**, No.3, 251-262.

浅田和実 (2006)「図解でわかる商品開発マーケティング」日本能率協会マネジメントセンター

朝野熙彦 (2010a) 新しい統計モデルの展望. マーケティング・リサーチャー, No.112, 10-17.

朝野熙彦 (2010b)「最新マーケティング・サイエンスの基礎」講談社

Berry, M. J.A. and Linoff G. (1997) *"Data Mining Techniques for Marketing, Sales, and Customer Support"*. John Wiley & Sons.

Deming, W.E. (1950) *"Some Theory of Sampling"*. John Wiley & Sons.

Deshpande, R. (1983) "Paradigms lost": On theory and method in research in marketing. *Journal of Marketing*, Vol.**47**, No.4, 101-110.

Dichter, E. (1961) Seven tenets of creative research. *Journal of Marketing*, Vol.**25**, No.4, 1-4.

Fisher, R.A. (1951) *"The Design of Experiments, 6th ed"*. Oliver and Boyd Ltd., Edinburgh. (1st Published 1935)

Freud, S. (1917) *"Vorlesungen zur Einführung in die Psychoanalyse"*. Lectures, Frankfurt. (丸井清泰訳 フロイド「精神分析入門」日本教文社 1952)

Haire, M. (1950) Projective techniques in marketing research. *Journal of Marketing*, Vol.**14**, No.5, 649-656.

石原聖子 (2005) 営業日報のテキストマイニング. 日本行動計量学会, 第33回大会発表論文抄録集, 134-135.

狩野紀昭・瀬楽信彦・高橋文夫・辻新一 (1984) 魅力的品質と当たり前品質. 品質, Vol.**14**, No.2, 39-48.

小林まい子 (2008) テキストマイニングから生まれた高級単品売りという道―ロッ

テ「とっておきのチョコパイ」. 宣伝会議, No.737, 48-50.

松村真宏・三浦麻子（2009）「人文・社会科学のためのテキストマイニング」誠信書房

Metfessel, M.（1947）A proposal for quantitative reporting of comparative judgments. *Journal of Psychology*, Vol.**24**, 229-235.

水谷美香（2006）言葉の裏にある implied needs. マーケティング・リサーチャー, No.101, 20-21.

中山厚穂（2011）多変量データ解析技術応用によるデータの特徴把握, 豊田裕貴・菰田文男編著「特許情報のテキストマイニング」ミネルヴァ書房, 69-99.

小川進（2006）「競争的共創論─革新参加社会の到来」白桃書房

Packard, V.（1957）*"The Hidden Persuaders"*. David Mckay Co., Inc., New York.

Smith, W.R.（1956）Product differentiation and market segmentation as alternative marketing strategies. *Journal of Marketing*, Vol.**21**, No.1, 3-8.

Stern B.B.（2002）The importance of being Ernest: A tribute to Dichter. *Journal of Advertising Research*, Vol.**42**, No.4, 19-22.

Stevens, S.S.（1951）Mathematics, measurement, and psychophysics. In Stevens（ed.）*"Handbook of Experimental Psychology"* . John Wiley & Sons. 1-51.

芝村良（2004）「R.A. フィッシャーの統計理論」九州大学出版会

白髭武（1978）「アメリカマーケティング発達史」実教出版

杉山繁和（2006）海外市場におけるモチベーショナルリサーチへの回帰. マーケティング・リサーチャー, No.102, 44-45.

鈴木邦明（2010）認知空間上の潜在的価値分布の研究, 平成22年首都大学東京修士学位論文

田中良久（1961）「心理学的測定法」東大出版会

豊田裕貴（2005）テキストマイニング入門, 上田穂隆他（編）「テキストマイニングによるマーケティング調査」講談社, 16-35

Tukey, J.W.（1977）*"Exploratory Data Analysis"*. Addison-Wesley.

Vargo, S.L. and Lush, R.F.（2004）Evolving to a new dominant logic for marketing. *Journal of Marketing*, Vol.**68**, No.1, 1-17.

Zaltman, G.（2003）*"How Customers Think"*. Harvard Business Press.

索　引

英字

ad-hoc survey	20, 239
CaboCha	115
constant sum method	97
correlation coefficient	196
deviation	171
double-barreled question	89
ethnography	13
FSP (Frequent Shoppers Program)	203
GIGO (Garbage in, Garbage out.)	140
i. i. d.	38
least squares method	182
linear model	172
MA	156
MeCab	115
naturally occurring response	22
norm	181
observational method	13
partial regression coefficient	173
PDCA	52, 108
presentation	208
projective technique	9
recall	96
recognition	96
residual	173
RTB (Reason to Believe)	67
scale	25
SD (Semantic Differential)	94
standard deviation	195
standardization	195
standardized partial regression coefficient	183
STP	39
SUMIF ( )	156
Tiny Text Miner (TTM)	113
TRUE TELLER	120
VOC (Voice of Customer)	125
a（alpha）	164

ア

i. i. d. の仮定	38
アクセスパネル	239
アドホック調査	20, 239
アルファ	164
アンケート票	78
意思決定	51, 58
1次データ	202
因果関係図	122
因果モデル	189
インターネット調査	72
インサイト	8

ウエイトバック集計	149	形態素解析	113
営業日報	124	決定係数	180, 241
SD法	94	恒常誤差	242
SD法のスケール	96	恒常和法	97, 242
エスノグラフィー	13	コールセンター	124
FSPデータ	203	顧客満足度	171
MAデータ	156	コモディティ化	5
横断的調査	239	コンセプト	67
お客様の声	133	コンテクスト依存性	31
重みづけ合計	197	コンテクスト効果	84

―――― カ ――――　　　　　―――― サ ――――

解釈的リサーチ	11	最小二乗法	182
回答形式	91, 92	再生	96, 242
回答誤差	239	再認	96, 242
カイ二乗検定	168	サマリー	210
確率変数	38	SUMIF( )関数	156
仮説検証	11	残差	173
仮説発見	11	サンプルサイズ	166, 243
間隔尺度	25, 141	質問項目の選定方法	86
観察法	13, 75	質問文	88
記述的リサーチ	18	自発的反応	22
基準変数	172, 240	射影	178
共起グラフ	118	尺度	25
共分散	193	重回帰分析	170
寄与度	240	自由回答	22, 243
寄与率	241	自由記述欄	109
クラスター分析	23, 40	縦断的調査	243
グラフの書き方	158	順序尺度	25
グループ・インタビュー	74, 241	消費者の異質性	40
クロス集計	154	情報管理	222

信頼区間	166, 167		入力フォーマット	146
推測統計学	36		ノルム	181
推定と検定	43		ノンバーバルな反応	12
制限回答	244			
説明変数	172, 244		ハ	
セレクション・バイアス	37		パーセンタイル	245
線形モデル	172		パス解析	188
選択質問	244		発見的な調査	227
選択肢のコード化	144		林の数量化理論Ⅲ類	23
相関係数	196		パラメータ	247
ソーシャルメディア	135		パレート分析	130
組織的な意思決定	59		PDCA	108
			PDCA サイクル	52
タ			ピタゴラスの定理	181
多肢選択の質問	244		ピボットテーブル	152
単一回答	246		標準化	183, 195, 245
調査設計	60		標準誤差	246
調査ターゲット	63		標準偏回帰係数	183
調査票	245		標準偏差	195, 246
ツイッター	135		表側	144
データクリーニング	150		表頭	144
データベース・マーケティング	34		表頭項目	144
データマイニング	34		標本誤差	246
テキスト情報	108, 112		比率尺度	25
投影法	9		比率の区間推定	43
			FAX 調査	74
ナ			フィッシャーの正確確率検定	165
内積	179, 192		複数回答	246
2次データ	202		フラッシュアウト	207, 218
二重質問	89		ブリーフィング	64
20対80の法則	40		プリテスト	101

プレゼンテーション	207, 216
プレゼン用報告書	214
ブログ	135
分散	192
分散共分散行列	193
分散分析表	176, 182
分母と母数	149
平均偏差	171
平均偏差化	171
平均偏差データ行列	190
偏回帰係数	173
報告書	207, 208
母数	247
母比率の差の検定	165

―――― マ ――――

マーケティングの定義	4
マーケティング課題	56
魅力品質	6
無作為抽出	37, 39
名義尺度	25, 141

―――― ヤ ――――

郵送調査	74
要約	210
4つの尺度	24

―――― ラ ――――

リサーチの価値	231
リサーチブリーフィング	65
リサーチャーの人材育成	50
リサーチ機能の組織化	70
両側検定と片側検定	168
論証的リサーチ	11

索引 253

■ 編著者紹介

朝野 熙彦
（あさの ひろひこ）

千葉大学文理学部卒業、埼玉大学大学院修了、専修大学・東京都立大学教授、多摩大学および中央大学大学院客員教授を経て㈱コレクシア　アカデミックアドバイザー。日本マーケティング学会監事。日本行動計量学会名誉会員。

〔主な著書〕
『入門多変量解析の実際』（ちくま学芸文庫）
『マーケティング・リサーチ－プロになるための7つのヒント』（講談社）
『最新マーケティング・サイエンスの基礎』（講談社）
『入門共分散構造分析の実際』（講談社）
『ディープラーニング with Python』（朝倉書店）
『ビジネスマンが一歩先をめざすベイズ統計学』（朝倉書店）
『ビジネスマンがはじめて学ぶベイズ統計学』（朝倉書店）
『マーケティング・リサーチ工学』（朝倉書店）
『Rによるマーケティング・シミュレーション』（同友館）
『ビッグデータの使い方・活かし方』（東京図書）
『マーケティング・サイエンスのトップランナーたち』（東京図書）
『マーケティング・リサーチ入門－調査の基本から提言まで』（東京図書）

　　　カバーデザイン　高橋　敦（LONGSCALE）
　　　本文デザイン　　山崎幹雄デザイン室

アンケート調査入門──失敗しない顧客情報の読み方・まとめ方

2011年10月25日　第1刷発行
2021年 5 月25日　第8刷発行

© Hirohiko Asano, 2011 Printed in Japan

編著者　朝野 熙彦
発行所　東京図書株式会社
　　　〒102-0072　東京都千代田区飯田橋 3-11-19
　　　電話 03-3288-9461　振替 00140-4-13803
　　　http://www.tokyo-tosho.co.jp
　　　ISBN 978-4-489-02113-8

マーケティング・サイエンスのトップランナーたち
統計的予測とその実践事例

● 朝野熙彦 編著

序章　マーケティングの処方箋
第1章　ビジネスの意思決定をデータで支援する
第2章　商品市場を細分化するビッグデータ適合型クラスター分析の活用
第3章　購買履歴データから消費行動を知る
第4章　ポジショニングに適した広告表現を開発する
第5章　カスタマージャーニーマップで消費者行動をストーリーで捉える
第6章　商品の適正な価格を決定する
第7章　小売マーチャンダイジングを提案する
第8章　CM認知率を予測する
第9章　CSマネジメントで顧客志向への転換を進める
第10章　ブランディングを成功させる
付録A：統計の理論的基礎／付録B：いくつかの情報源

ビッグデータの使い方・活かし方
マーケティングにおける活用事例

● 朝野熙彦 編著

第1章　ビッグデータ時代のレコメンデーション
第2章　コミュニティ・リサーチによるビジネス共創
第3章　リサーチという経験のデザイン
第4章　タブレット端末を用いた新たなシングルソースデータの構築
第5章　消費者発生型自由回答（口コミ）の解析
第6章　地域振興戦略のための旅行者ビッグデータの活用
第7章　ビジネス・エスノグラフィーによるインサイト
第8章　オンラインデータと調査データの融合
第9章　店頭プロモーションのマイクロ・マーケティング
第10章　マルチ・エージェント・ベースのシミュレーション
付録A：ビッグデータとは何か
付録B：いくつかの情報源